「니라이 카나이(ニライカナイ)」, 오사카 HEP홀(2017.3.25), 촬영 나카야마 카즈히로(中山和弘)

「축복의 우주(寿ぎの宇宙)」,
오사카 Metamor홀(2016.8.21)
촬영 나카야마 카즈히로(中山和弘)

「황웅도 잠복記」,
경남 고성문화체육센터(2011.3.25)
〈고성오광대 보존회〉 우정출연,
고성신문사 사진 제공

꽃은 향기로워도

- '김만리'로 산다는 것 -

글쓴이 **김만리**

옮긴이 **정미영**

「꽃은 향기로워도」- 김만리로 산다는 것 -

1판1쇄 : 2020년 7월 2일
글쓴이 : 김만리(金滿里)
옮긴이 : 정미영

펴낸곳 : 도서출판 품
주 소 : (10884) 경기도 파주시 안개초길 12-1, 302
등 록 : 2017년 9월 27일 제406-2017-000130호(2017.9.19.)
        031-946-4841 / poombooks2017@gmail.com

편 집 : 강샘크리에이션
표 지 : 콩보리
인 쇄 : 다해종합기획

Ikirukotono Hajimari(生きることのはじまり)
Copyright ⓒ1996 M.KIM
Originally published in Japan by CHIKUMASHOBOPublishing Co.All rights reserved.
Korean translation copyright ⓒ2019 by POOMBOOKS
Korean edition is published by arrangement with POOMBOOKS

이 책은 筑摩書房출판사의 『生きることのはじまり』한국어 완역본입니다.
한국어 저작권은 저자 김만리와 독점계약으로 도서출판 품(POOMBOOKS)에 있습니다.
저작권법에 의해 한국 내에서 보호를 받는 저작물이므로 무단전재와 무단복제를 금합니다.

책값 : 16,000원

한국어판 저작권 ⓒ도서출판 품, 2020
ISBN 979-11-962387-4-2

* 잘못 만들어진 책은 구입하신 서점에서 교환해드립니다.

무용담(武勇談) 같은 무용담(舞踊談)

진옥섭 (한국문화재재단 이사장, 전통예술 연출가)

2007년 고성 황웅도의 자취를 찾는 여행에 김만리 선생이 길 잡이를 청하였다. 외할아버지는 피리의 명인, 큰 이모 김록주는 정노식의 「조선창극사」에 언급된 명인 중의 명인, 어머니 김홍주 역시 가무악에 능통했다. 불세출의 명인가문 아닌가, 만사를 접 고 앞장을 섰다.

2011년 『황웅도 삼복기』의 한국공연 추진을 부탁하셨다. 그러 나 김만리 선생이 이끄는 '타이헨(態變)'은 중증장애인 극단이었 다. 도저히 자신이 없어 단호히 손을 저었는데, 선생의 힘없는 손 이 담쟁이 넝쿨처럼 나를 꽉 부여잡았다. 결국 걸려들었는데, '도 대체 왜 엮였을까' 해묵은 의문으로 남아 있었다.

책을 펴니 의문이 풀려갔다. 「꽃은 향기로워도 -김만리로 산다 는 것-」은 미동조차 버거운 몸으로 통과해 온 질풍노도의 시간을 기록했다. 태어나자 저절로 춤을 추었고 어머니 역시 예술의 후 계자로 생각했다. 그러나 3살 때 소아마비로 중증장애가 닥친다. 일거수일투족이 버거운데 포기할 수 없는 꿈이 숨 가쁘게 하였 다. 오로지 고집불통 하나로 가족을 설득하고 세상과 소통해 갔 다. 스스로도 "지금까지 축적해 온 모든 심정을 논리화해 설득력 으로 바꿔가는 일"을 해왔다고 자평한다.

5

아마도 그 '모든 심정'은 오랫동안 지내온 장애인시설에서 '축적'된 듯하다. 사람과 사람 사이, 비좁은 공간에서의 서사와 묘사가 뛰어나다. 침대에 눕혀진 채 직원들의 관리를 받는 일이 전부인 그 한정된 공간에서 유일하게 자유로운 '생각'만이 가득 차 있었다. 마침내 깊어만 가던 생각은 쑤욱 솟아올라가 천정에 거미줄을 치고, 그 위를 오가며 자신이 수용된 방안을 다양한 각도에서 내려다본다.

"실은 나 조선 사람이야." 절대비밀을 누설해주며 보호를 요청한다. 끝이 어디인줄 모르는 생활에서 그렇게 살아나가야 했다.

"목을 맨다고 한들 힘이 있을까?" 오로지 격음으로 적어내린 문장에 밑줄을 그을 수밖에 없다. 한겨울 손의 힘이 없어 '입으로 이불을 물어 잡아당길 때'는 밑줄을 너무 세게 긋다가 파인 종이 틈으로 한기가 새어나왔다.

전쟁터나 다름없는 그 안에서 언제나 미소가 번득였던 모양이다. '식어버린 사춘기' '중증장애인이 불량해질 수 없다는 것은 차별' 매순간 허를 찌르는 한마디들이 탄환처럼 나를 관통했다.

퇴소 후엔 더 높은 거미줄 위에서 세상의 얼개를 본다. 장애인이겐 편견도 동정도 모두 장애물이었다. '슬슬 세상에 독설'을 퍼붓는데 아귀가 딱딱 맞아 얼씨구! 추임새를 넣고 만다. 조상들이 '굼벵이 매미 되도록' 탁마하여 명인이 되었듯 마침내 선생 또한 애벌레를 탈피하여 나비가 되어 춤을 춘다.

타이헨 창단 선언문과 첫 작품 「꽃은 향기로워도」의 철학과 도발이 어우러진 시놉시스는 이 책의 백미이다. 레오타드를 입은 순도 높은 영혼의 몸짓을 인화한 문장, 지금껏 이처럼 혁명적 무용담(舞踊談)은 없었다. 김만리 선생, 힘없는 손으로 일일이 타이핑해 손발 없이 싸워온 유래 없는 무용담(武勇談)을 완성한 것이다. 책을 덮고 나니 손에 땀이 흥건하다.

2011년 김만리 선생이 탄 것은 휠체어가 아니라 탱크였다. 내 앞에 진주하여 투항을 권고했는데 겁 없이 손사래를 쳤던 것이다. 책을 읽고 또다시 털끝하나 빠져나가지 못할 치밀한 언어의 그물에 걸려들었다. '김만리'라는 삶을 점지 받아 청개구리처럼 살아 주셔서 고맙고, 『황웅도 잠복기』에 끼워주셔서 더욱 고맙다.

본론이 길었지만 사족을 붙이고 싶다.

김만리 선생의 큰 이모는 김해 김록주(金綠珠, 1898-1928)라고 부른다. 전통 명인 중 장흥 출신의 김록주도 있어 고향인 김해를 붙인다. 「조선창극사」에서 김해 김록주를 읽고 훗날 진주에서 들었다. 예기(藝妓)인 김수악은 자신의 소고춤을 '김해 김록주류 소고춤'이라 말했다. '권번(券番)에 입적하기 전에 타계한 사람에게 배웠다는 건가?' 아니면 세상이 다 아는 명인이라 일부러 사사했다고 한 것은 아닐까.

책에 나오는 어머니 김홍주 명인의 내용에 눈이 번득였다. 빚이 많아지자 '광한루'라는 요정을 차려 단번에 청산한다. 지금 남아있는 녹음만 들어도 보통 성음이 아니다. 저 소릿속으로 춤을 추면 '한 발짝에 행하가 닷 냥'은 되었을 것이다.

당연지사 고성에서도 방안에만 앉아있을 수는 없었을 것이다. 진주와 고성은 지척이니 예기들 간의 교류가 잦았을 것이다. 그간 김홍주(金紅珠, 1911-1998)에게 김수악(金壽岳, 1925-2009)이 배우거나 영향을 받았지 않았을까. 물증은 없지만 책의 행간과 이면에서 심증이 간다. 향후 이를 밝힐 단서가 김만리 선생과 가족들에서 나오기를 기대해본다.

또 두 사람의 관계가 아니더라도 명인 김홍주에 대한 조사가 속히 진행되어야 한다. 1922년 당대를 떨치던 두 자매들이 단체를 이루었는데 김록주, 김홍주 자매와 이화중선(李花中仙, 1899-1943)·이중선(李中仙, 1903-1935) 자매가 합류한 것이다.

이렇게 국악사를 놀라게 할 경험담이 가족들의 귓전에 남아있기를 바란다. 그리고 그 기억은 기필코 우리 예술사에 기록되어야 할 것이다.

목 차

프롤로그 _ 산산이 부서지는 모유 방울

어느 소극장 객석.

공연 시작을 알리는 벨소리에 객석 조명이 꺼지고 잠시 후 배우가 등장하길 기다리듯 무대가 밝아진다. 그런데 도무지 배우는 등장할 기미가 안 보인다. 별안간 가까이에 앉아 있던 관객이 무어라 소리치고 여기저기서 비슷한 소리가 들리더니 뭔가 커다란 물체를 안아든 관객들이 무대로 향하기 시작한다. 놀라서 옆을 보니 그 물체는 장애인으로 보이는 사람이었고, "들어 올려요, 무대로 올려주세요." 애타게 청하는 소리가 비로소 귀에 들어왔다.

아, 저 소리였구나, 그때서야 관객들은 허둥지둥 목소리의 주인공을 들어 올려 무대 위로 옮긴다. 이런 식으로 무대에 옮겨진 사람들이 여기저기서 데굴데굴 구르며 겉옷을 벗자 속에 입은 화려한 빛깔의 레오타드* 의상이 보이기 시작한다. 마치 나비가 변태하는 것처럼. *레오타드(신축성이 뛰어나 온몸에 밀착되고 상하가 분리되지 않아 주로 스포츠용으로 입는다)

— 내가 이끌고 있는 극단 <타이헨(態變)>이 1987년에 공연한 『물은 하늘에서 떨어지는 것을』은 이렇게 시작한다.

극단이 관객의 허를 찌르는 오프닝을 으레 연출하기도 하지만, 배우가 객석에 있고 게다가 관객들이 배우를 들어 올려 무대로 옮기는 경우는 그리 흔치 않은 장면이다. 그렇다, 이미 알아차렸겠지만 극단 <타이헨>은 무대에 오르는 모든 배우가 신체장애인이다. 이는 세계적으로도 드문 일이리라. 나는 극단을 이끄는 대표이며 모든 작품의 대본을 쓰고 연출도 혼자 맡고 있다. 그리고 나 또한 목에서부터 아래로는 전신이 마비된 '소아마비' 이른바 폴리오(Polio)를 앓은 중증장애인이다.

내 이름은 김만리(金満里), 재일조선인 2세다.

이쯤에서 나의 신체상태를 좀 더 자세히 설명하자면, 혼자 힘으로 앉을 수는 있지만 미묘한 균형을 유지해 앉아 있기 때문에 약간만 외부에서 힘을 가하거나 밀면 쉽게 쓰러지고 만다. 자력으로 체중을 지탱할 수 없기 때문에 기어서 이동은 할 수 있지만 휠체어에 올라타거나 높이가 다른 곳으로 몸을 옮기는 일은 불가능하다.

다리는 전혀 움직일 수 없으니 당연히 서지 못한다. 팔은 상하좌우로 약간은 움직일 수 있는데 거의 힘이 없다. 하지만 안겼을 때 상대의 목에 매달리는 자세는 가능하다. 내손으로 밥을 떠먹거나 단순한 옷을 입는 동작도 가까스로 할 수 있다. 화장실은 변기를 가져다주면 혼자 용변을 보고 팬티를 올리는 것 까지는 할 수 있어도 바지를 추켜올리거나 단추를 채우고 지퍼를 여닫는 동작 같은 건 불가능하다.

최근에 가벼운 깃털이불로 바꾼 덕에 잠자리에서 자세를 바꾸는 동작은 겨우 할 수 있게 되었다. 옆으로 누운 상태에서 고개를 들어 올릴 수는 있지만, 똑바로 누운 채 혼자 고개를 드는 동작은 불가능하다. 그리고 척추가 휘어있기 때문에 몸통의 변형이 상당히 심하다. 폴리오(소아마비) 중에는 꽤 드문 전신마비 중증장애인이다.

폴리오는 지체부자유인 경우가 대부분이라 언어장애를 동반하는 경우는 거의 없다. 나도 언어장애는 없고 목부터 위쪽은 비장애인처럼 보여서 휠체어에 앉아 있으면 그리 중증으로 보이지는 않는다. 휠체어가 먼저 눈에 들어오니까 타고 있는 사람이 중증인지 아닌지는 쉽게 알아차리지 못하는 것 같다. 아무튼 외출할 때는 휠체어가 없으면, 게다가 밀어주는 사람이 없으면 밖으로 나갈 수 없다. 결국 거의 대부분의 일상생활에 누군가의 손이 필요하다는 얘기다.

그런데 나는 연극을 시작하기 전부터 혼자 생활했고, 극단을 창단할 당시에도 이미 그런 생활을 한지 9년 정도 되었을 때다. 이렇게 말하면 거의 대부분의 일상에 남의 손이 필요한 상태인데 대체 어떻게 생활을 할까 의문을 가지는 이도 있을 것이다. 실제로는 둘이 지내는데 1일 2교대로 상대가 바뀐다. 주변을 건사해 주는 '활동보조인'이다. 하지만 이런 일상을 만들어 가는 주체는 어디까지나 내가 된다. 나 같은 장애인들 사이에서는 이런 생활을 장애인이 '지역에서 자립생활'을 한다고 말한다.

앞에서 소개한 극단 <타이헨>의 네 번째 공연작 『물은 하늘에서 떨어지는 것을』은 나에게 큰 전환점이 된 작품이다. 그 이유는 내가 32세에 처음 아이를 낳고 1년 후 연극에 복귀해 만든 작품이기 때문이다. 자립생활을 시작한 것도, 연극을 하게 된 것도, 그렇게 되기까지 나로서는 상상조차 못했던 일인데, 아이를 낳은 일은 그 중에서도 역대급 사건이었다. 늘 누군가의 손을 빌려야 하는 일상이기 때문에 내 몸 하나 지탱하기도 버거웠고 어떻게 살아 나갈지가 무엇보다 우선이었다. 혼자 사는 편이 세상에 빚을 지지 않아도 되고, 나만 당당하면 아무 두려울 일 없으니 뒤끝을 염려할 필요가 없다고 단호히 여겼다.

반대로 아이를 갖는다는 건 이 세상에 인질을 잡힌 것 같고 빚을 지는 것 같은 꺼림칙함이 있었다. 아이를 갖게 되면 사람은 보수적으로 바뀐다. 내 아이만 괜찮으면 그만이라는 이기적인 감정도 솟아난다. 나는 인간에게 그런 감정을 유발시키는 육아가 사회악이라고까지 생각했었다. 그런 내가 아이를 낳고 말았다. 게다가 어느 순간부터는 아이를 키우며 느낀 감정을 당시 무대 위에서 표출하기도 했다.

출산휴가로 연극을 쉬는 동안 만든 공연 팸플릿에는 '세상에 낳아놓은 책임' '연극을 한다는 것이 처음으로 무섭다고 느꼈다'는 등 연극과 아이를 중첩시킨 문장을 써 넣었다. 자립생활을 시작했을 때도, 장애인만의 극단을 만들었을 때도, 나는 그다지 두려움을 모르고 살았는데 아이가 생기자 처음으로 세상이 무섭게 느껴졌다. 하지만 오히려 다행이었다. 두려움을 알게 된 후에야 비로소 눈에 들어오는 것 그리고 나약함을 느끼면서 비로소 깨닫게 되는 책임이 있음을 알게 되었다.

무대도 아이도 결국은 내가 낳은 것이고, 나답게 살기 위한 필요에 의해 자아낸 것들이다. 그 자체에 좋고 나쁨의 주석을 달 필요는 없다. 그전까지 늘 목적에 맞춰 의식적으로 삶을 선택해 온 나에게도 그런 일이 실제로 일어난다는 것을 처음 알았다. 더불어 이 깨달음은 극단에도 커다란 전기가 되었다.

아이를 낳기 전까지 <타이헨>의 연극은 장애인이 비장애인을 향해 '독설을 퍼붓는' 관객에게 도발하는 경향이 강했는데, 아이를 낳은 체험으로 무대에서의 표현이 더욱 깊어질 수 있었고 한층 더 내면적으로 바뀌어 갔다.『물은 하늘에서 떨어지는 것을』은 그런 계기를 만들어준 작품이다.

이 작품은 제목에도 있는 것처럼 중요한 테마가 물이다. 도입 부분에 배우들이 입고 있던 옷을 벗어 던지고 몸의 선이 그대로 드러나는 레오타드 의상으로 바뀌는 장면은 본래의 자신으로 되돌아감을 표현했다. 이어서 무대 위 배우들이 제각각 화장을 하기 시작한다. 이는 본래의 자신을 찾고 기뻐하거나 노는 사이에 다시 온갖 것들을 몸에 부착시킨다는 의미다. 그리고는 배우들이 투명하고 둥근 그릇에 물을 가득 채워 그 물로 화장한 얼굴을 씻어낸다.

마지막에는 무대 중앙에 놓여있는 하얗고 큰 둥근 물체에서 무대 전체로 물이 뿜어져 나오고 배우들은 물을 만난 물고기처럼 그 물에 적셔져 기쁨으로 흥분하는데 결국에는 윤택함의 근원인 하얀 물체까지도 부숴버리고 유쾌하게 사라진다. 이것이 이 작품의 주요 흐름이었다. 이 연극에는 '인간의 에너지는 결국 창조와 파괴의 반복'이라는 나의 신조가 강하게 드러나 있는데, 역시 아이를 낳은 체감에서 나온 작품이라는 생각이 든다.

무대 중앙에 놓인 둥글고 하얀 물체는 아마도 아이에게 물린 젖가슴이며, 촉촉한 물은 끊임없이 빨려나가는 모유이리라. 실제로 이 당시 나는 젖이 퉁퉁 불어 무대의상에 배어나기도 했으니 갓 태어난 아이에게 한창 젖을 물릴 때였다. 아이를 키우는 일도 무대 위에서 흩어진 모유 방울들처럼 언젠가는 끝이 난다.

창조와 파괴 — 그것은 '부모를 초월하고 또 자신도 초월할 수 있는' 영원히 반복되는 살친(殺親)으로도 통하는 인간 성장의 기도일지 모른다.

「물은 하늘에서 떨어지는 것을」 공연 중 한 장면,
둥근 물체 안에 생후 1년이 된 아들이 들어가 있다.

1장

어머니 그리고 어린 시절

내가 성장한 과정은 철두철미하게 단 한 가지도 평범함이 없을 만큼 상당히 특이한 존재다. 나는 1953년 11월 2일 일본 오사카 이케다池田 시에서 태어났다. 별것 아니지만 띠는 뱀띠, 혈액형은 O형, 별자리는 전갈자리다. 내 어머니는 자이니치(在日) 1세. 이른 바 조선반도에서 일본으로 건너 온 조선인이다. 때문에 일본말이 몹시 서툴렀다.

어머니는 조선의 전통예술 전승자로서 예인의 삶을 살아왔다. 어머니의 인생이 나라는 존재의 많은 부분을 규정한 것은 분명하다. 재일조선인이라는 처지도 일본에서는 소수지만 더욱이 전통예술인은 드물어서 일반적인 자이니치 가정과도 많이 다른 독특한 집안이라 할 수 있다.

나는 10남매 가운데 막내인데, 어머니가 42세 때 다른 형제들과는 아버지가 다른 자식으로 나를 낳았다. 그리고 3살 때 폴리오(소아마비)를 앓고, 그 후유증으로 전신마비 장애인이 되어 나의 인생이 시작된다. 자이니치(在日)면서 전통예술인 집안이라는 소수 중에 소수인 유별난 가정에서 태어나고 게다가 중증장애인이 되었다. 같은 처지의 사람을 찾아보았지만 쉽게 찾을 수 없었다. 이렇게 '평범함'과는 무관한 내 성장과정이 결과적으로 나로서는 나쁘지 않았다.

* 전통 가무악의 보배, 어머니 김홍주(金紅珠)

내 어머니는 올해(1996)로 여든 다섯이다.(1998년 3월 타계)

어머니의 부친이자 내게는 외조부가 되는 분이 춤과 노래, 악기연주 등을 몹시 좋아해서 원래는 평범했던 분이 마을에 유랑극단이 올 때마다 악기와 춤 등을 배우다가 점점 거기에 빠져 결국엔 집과 아내를 고향에 두고 유랑극단을 따라 나섰다고 한다. 그러다 외조부도 피리의 명수로 활약했는데, 당시 조선의 마지막 왕에게서 명주옷감을 하사품으로 받았을 정도였다.

외조부는 딸 셋을 두었고 세 사람 모두 예인으로 자랐다. 큰 딸은 김록주(金綠珠), 가야금 병창으로 조선 땅에서 이름을 날린 명창이었다.*(한국어판 저자후기 참조)

어머니는 둘째였는데 바로 위 언니와는 꽤 나이 차가 났고 어머니가 철이 들었을 무렵에는 이미 조선 방방곡곡에 언니 김록주의 이름이 알려져 있었다. 어머니는 이런 환경에서 외조부에게 춤과 노래를 배웠고, 언니의 모습을 보며 어릴 때부터 자연스럽게 전통예술과 가까워졌다. 그리고 6세 때 조선의 경성(서울)에서 당시로선 상당히 큰 경연대회에 참가한 후 김홍주라는 예명으로 무대생활을 시작하게 된다.

무용, 악기, 노래 모두 빼어났던 어머니의 데뷔는 천재소녀의 출현이라며 세간에 오르내렸다고 한다. 특히 승무에 관해서는 견줄 이가 없는 실력이었다. 나는 그런 일들을 전혀 모른 채 자랐지만 조금 크고 난 후 우연히 재일한국계 신문에서 <천재소녀로 소문이 자자했던 고전무용의 명인>이라는 어머니의 기사를 보고 어머니가 굉장한 분이라는 걸 처음 객관적으로 알게 되었다.

자식이 없었던 큰 이모는 어머니를 딸처럼 여겼는데, 큰 이모가 활약하던 극단 <협률사(協律社)>에서 함께 예인의 길을 걷기 시작했다. 순회공연이 없을 때는 외조부가 딸들을 데리고 집으로 돌아와 두 딸을 학교에도 보내기도 했는데, 당시는 계집아이가 학교에 가는 일이 드물었기 때문에 사내아이의 옷을 입혀서 학교에 보냈다고 한다. 그러다 어머니는 점점 학교가 싫어져 가지 않게 되었다. 당시엔 등교거부라는 개념도 없었으니 그저 '잠시 학교에도 다녀본' 정도였다. 외조부는 학교에 보내는 대신 가정교사를 불러 서양댄스나 영어 등을 딸들에게 가르쳤다고 한다.

막내 이모는 어릴 때 돌림병으로 죽고 말았는데, 어머니는 이 동생과 함께 외조부에게 춤과 악기를 배우며 회초리를 맞았던 얘기를 자주 들려주었다. 철저한 가부장제였던 당시 조선에서는 자식이란 부모가 있어야 태어날 수 있는 존재이고 여자는 남자에게 종속된 존재였다. 특히 한 집안의 가장인 아버지의 권한은 절대적이었고 그 시대의 윤리로는 의심할 여지없이 자식의 인생을 결정하는 권한이 부모에게 있었으니 극단적으로 표현하자면 찜을 쪄 먹든 구워 먹든 부모 맘이었다. 나로서는 그 시대를 상상하게 하는 풍물시 같아서 어머니의 옛날이야기를 듣는 일이 그저 즐거웠다.

그러다 큰 이모가 당시 예인들 사이에 퍼지던 모르핀(이라고 어머니는 말했다)에 손을 대게 되었다. 당황한 외조부는 어머니가 큰 이모와 같이 지내지 못하도록 어머니만 데리고 고향으로 돌아왔다. "그때 딱 한 번 처음으로 우리 아버지가 돈을 마련하려고 거리에서 노래를 시키셨는데, 어찌나 창피하던지….” 어머니는 당시를 회상할 때마다 내용과는 달리 약간은 장난스럽고 즐거운 듯 말했다.

결국 큰 이모도 모르핀 때문에 목숨을 잃게 되자 외조부에게 자식이라곤 어머니 하나만 남게 되었다. 그렇게 어머니가 17살이 되던 해, 외조부가 정해준 사내와 결혼을 하고 전통예술의 세계에서 은퇴하게 된다. 결혼 상대는 경상남도 고성에 있는 양봉학교 교장이었는데 그 마을에서는 꽤 유명한 이였다고 한다.

그 시절엔 여전히 남존여비 사상이 뿌리 깊어서 집안에 사내아이가 태어나지 않으면 부인을 몇 명씩 두기도 했다는데, 이해는 안 되지만 그런 일이 흔해서 아들을 낳지 못하는 본처를 대신해 내 어머니가 후처로 들어간 것이다.

시댁에서는 시어머니가 모든 일을 도맡았고 어머니는 일체 집안일에 관여하지 않고 지냈다. 어머니가 방안에서 화장을 하고 있으면 남편이 역정을 냈다고 한다. 철저히 세속과 거리를 두고 오로지 사내아이가 태어나기만을 기다리는 규중 처인 셈이다. 그러다 첫 아이가 태어났다. 외조부는 자신의 딸이 사내아이를 낳을 거라 믿어 의심치 않았는데 기대와는 달리 태어난 아이는 계집아이였다. 그 충격으로 첫 손녀가 태어난 다음날 외조부가 돌아가셨다고 한다.

이런 거짓말 같은 이야기가 실제로 벌어질 만큼 당시 남존여비 사상은 절대적이었다. 여자는 어려서는 아버지를 따르고 시집을 가서는 남편을 따라야 하는 종속물밖에 되지 않았으니 자신의 의지대로 살지 못하는 시대였다.

말이 나왔으니 외조모 얘기를 덧붙이자면, 아들이 없던 외조모
는 하나 남은 딸인 어머니마저 일본으로 떠나자 혼자가 되었고,
6·25전쟁 때 돌아가셨다고 한다. 생전에는 치마저고리 차림으로
부산 항구에 나와 천천히 곰방대 연기를 내뿜으며 바다 건너 일
본에서 딸이 돌아오기를 매일같이 기다렸다고 한다. 하지만 어머
니도 이런 이야기를 다른 이를 통해 들었을 뿐 외조모의 마지막
은 알 길이 없었다.

*출생

어머니가 일본으로 건너오게 된 배경은 셋째 아이를 낳았을 무
렵, 당시 남편인 황웅도(黃熊度)가 조선 전역으로 퍼져나간 만세운
동에 나섰고, 고향인 고성 주민들에게 자주 연설도 했다고 한다.
그것이 당국에 알려져 마을사람들을 선동한 죄로 중형을 선고받
아 투옥되었고 간신히 3년 만에 석방된다. 가혹한 식민지 시대,
한 번 정치범이라는 꼬리표가 붙으면 집안은 몰락하고 재산은 몰
수되었으니 하는 수 없이 일본으로 건너오게 된다.

인텔리였던 그 분은 한때 오사카일보 신문기자로 일했는데, 그
일도 오래 하지는 못하고 결국 조선에 남아있던 어머니를 일본으
로 불러들여 어머니의 재능을 앞세워 극단을 만든다. 각자의 성
을 따서 만든 <황금좌(黃金座)>라는 이름의 극단은 어머니가 좌장
이 되고 남편이 단장을 맡아 조선 전통예술 극단으로 일본 각지
를 돌며 공연을 하게 되었다. 어머니가 결혼 전까지 조선의 전국
을 떠돌았던 것처럼.

전시상황에도 불구하고 극단은 각지에서 열광적인 환영을 받았다고 한다. 오사카에서 열린 공연에는 너무 많은 관객이 들어 2층 객석이 무너져 다치는 사람까지 나올 정도였다. 군대 위문공연에도 몇 번인가 초대된 어머니는 내각총리를 지낸 도조 히데키의 친필 서명이 있는 감사장까지 갖고 있었다. 그리 알려지진 않았으나 당시 침략전쟁을 일으킨 일본이 민중들에게는 미묘하게 탄압과 융화정책을 취했음을 알 수 있는 이야기다.

두 분이 맨 처음 살았던 곳은 한큐선阪急線이 지나는 오사카시 히가시 요도가와구東淀川區 소젠지崇禅寺라는 곳이다. 소젠지 인근에 빌린 집을 거점으로 일본 순회공연을 다니기 시작했고 이후로 여섯 명의 자식을 더 낳았다. 처음에는 아이들도 순회공연에 데려가 극단 단원들의 도움으로 키우나가 어느 정도 자란 다음에는 맏이가 집에서 동생들을 보살피며 부모를 기다렸던 게 아니었을까.

어머니는 나를 포함해 모두 10남매를 낳았는데 젖을 물리기는 했어도 육아는 해본 적이 없는, 조금 어처구니가 없다고 할까 전형적인 옛날 예인이랄까, 여하튼 평범하지 않은 존재였다.

어머니는 아내나 어미로서 해야 할 일보다는 예인으로 한 극단의 간판이 되어야 하는 생활을 우선했다. 무대에 있거나 휴식을 하거나 혹은 연회자리에 초청돼 몸단장을 하고 외출하는 예술인이었을 뿐 그 당시의 어머니는 자식들조차 가까이 다가갈 수 없는 일종의 특별한 존재였다고 언니들은 말했다.

그러다 일본이 패전을 맞이했고 얼마 지나지 않아 남편이 세상을 뜬다. 어머니는 미망인의 몸으로 화려한 예인생활을 지속하고

싶지 않았고 결국 극단을 해
산시킨다. 그리고 얼마 후 내
가 태어나는 원인이 된 남성
을 만나 연인사이가 된다.

큰언니와 둘째언니는 이미
결혼해 출가해 있었고, 큰오

무대에서 가야금병창을 하는 어머니 김홍주

빠는 도쿄에서 대학에 다닐 무렵이었을까. 아직 큰오빠 밑으로
어린애들이 많았고 사춘기에 접어든 자식들도 적지 않은 시기였
다. 아무리 재능이 뛰어났다지만 극단도 문을 닫은 데다 고전예
술연구소를 열어 수강생을 받긴 했어도 그리 녹록치 않은 생활이
었을 것이다. 그래도 어머니는 '성가신 소문들에 휘말리는 게 싫
어 무대를 은퇴했지만, 네 아버지와 알게 된 것도 다 인연이다'라
고 말했다. 그분은 이미 처자식이 있었고, 당시 자이니치(在日) 중
에서는 젊은 실업가로 꽤 잘 나가던 분이었다고 한다.

아마도 어머니는 이 남성을 만났을 때 처음으로 온전히 자신의
의지에 따라 삶을 선택한 게 아니었을까. 전남편도 외조부가 고
른 상대였고 아무리 천재라는 말을 듣기 했어도 예인의 길 또한
외조부가 정해준 길이었으니까.

나의 생부는 어머니에게 집을 마련해 주고 남은 자식들과 모두
한 집에 살 수 있도록 보살펴 주었다고 한다. 어머니에게 듣기로
는 내가 태어날 무렵에 이미 아버지와는 이별이 가까워져 있었는
데, 이후의 일들을 모두 각오하고라도 나를 낳길 원했다고 한다.
때문에 나는 어머니가 42세라는 고령에 낳은 자식이고, 아버지와
의 관계는 그 후 2년 정도는 이어졌지만 내가 철이 들었을 땐 아

버지의 존재를 전혀 느낄 수 없어서 그런 사정을 아예 모른 채 자랐다. 아버지는 태어날 때부터 없는 것이 당연하다고 느꼈고 아무런 의문도 갖지 않았다.

지금 생각해보니 아버지라는 존재의 유일한 실마리는 언니들이 내 아버지를 지칭한 '나고야 아저씨'(나고야 사람이다)라는 단어였다. '아버지'라는 달달한 울림이 아닌 무미건조한 호칭 때문에 나는 완전히 아버지가 우리 가족을 버린 나쁜 사람이라 굳게 믿고 있었다.

그렇게 태평한 착각을 했을 만큼 나는 가족들에게 많은 사랑을 받으며 자랐다. 특히 어머니가 무척 아껴주었다. 아버지가 안 계시니 내겐 유일한 부모였고 또 예인이라는 특별한 처지로 보아도 오빠나 언니들에겐 어머니의 권한이 절대적이었을 것이다. 그런 어머니가 자신의 인생을 걸어 전신전력으로 가장 어린 막내를 편애하셨으니 형제들도 귀여워해 준 것 아니었겠나. 어머니 스스로도 처음으로 자기가 낳은 아이가 예쁘다는 생각이 들었다고 한다. 기저귀를 갈아 주거나 나를 업고 밖에 나가보기도 하며 열 번째 아이를 낳고서야 처음으로 세상 어머니들이 하는 육아 정도는 자신도 해 보겠다는 생각이 들었다고 한다.

내가 차츰 자라면서 곧잘 춤을 추곤 하자 재능이 있다고 여기신 것 같다. 그 무렵에는 어린 내가 자주 춤을 춰 집에 찾아온 이들을 놀라게 했는데, 내 친부가 되는 분도 동의해서(죽은 남편은 자식을 예인으로 키우는 것을 반대했다) 언젠가는 나를 어머니의 후계자로 삼으려 했다고 한다. 그런데…

* 폴리오(소아마비)

나는 세 살 때 돌연 소아마비를 앓고 장애아가 되었다. 어머니에겐 청천벽력 같은 사건이었을 것이다. 하지만 나는 이때부터가 자의식을 갖게 된 삶이다. 그 이전의 기억은 물론 없고 어머니의 추억 속에만 내가 존재한다. 여하튼 지금처럼 장애인이 된 순간의 기억조차 내게는 없다.

어머니 이야기에 의하면 그 무렵 자주 갔던 다카라즈카宝塚 가극단 공연을 보러 언니와 함께 다녀온 날 밤에 열이 나기 시작했다. 동네 의사를 데려와 진찰하니 감기라 진단했고 설사가 심해 금식을 시키라는 말을 들었다고 한다. 그런데 내가 심한 공복감을 호소했고 마치 지옥에 떨어진 것처럼 울부짖었다고 한다. 그 상태로 며칠이나 방치된 뒤 소변이 마렵다고 하자 일으켜 세워 속옷을 벗겨주려고 했을 땐 이미 기력이 없어 혼자 일어설 수도 없게 되었다. 큰일이다 싶어 다시 동네 의사에게 진찰을 받으니 그제야 의사도 심상치 않았는지 오사카대학병원으로 가보라 했는데 마침 토요일이었다. 다음날도 일요일이라 이틀이나 더 지나서 대학병원으로 나를 데려갔다. 그때서야 소아마비 진단을 받고 곧바로 입원했다. 그로부터 며칠 동안도 사경을 헤매는 상태였다.

응석받이였던 나는 소아마비를 앓게 될 때까지의 자초지종을 남에게 얘기해주는 어머니 곁에 달라붙어 자주 듣곤 했다. 대학병원에서 사경을 헤매는 부분이 점입가경인데, 배가 고프다며 울부짖는 나를 어찌해야 좋을지 몰라 어린애가 있는 지인에게 물으니 미음 한 방울도 먹이지 않은 어머니를 호되게 나무랐다고 한다. 그 분이 직접 미음을 쑤어와 내게 먹이며 위급한 아이를 병원이 쉰다는 이유로 어떻게 이틀씩이나 그냥 두었냐며 야단을 들은 어머니는 그때까지 자기가 얼마나 춤과 노래만 아는 바보였으며 나이만 먹었을 뿐 아무것도 모르는 철부지였는지 탄식하듯 말했다. 어머니가 여러 번 이 얘기를 하는 것을 나는 다른 사람의 일처럼 곁에서 듣곤 했다.

* 오사카대학병원 남측 병동 2층 2호실

그때부터 4년 동안 오사카대학병원에서 보냈다. 병원생활 중 빼놓을 수 없는 기억은 나보다 열두 살 많은 언니와 함께 지낸 일이다. 언니는 나와 띠 동갑이다. 이 언니(한자로 英姫인데 나는 에이키 언니라 불렀다)를 엄마처럼 따랐고, 어머니는 아버지처럼 여기며 자랐다. 에이키 언니와는 성격도 잘 맞았는데 나의 인격형성에 이 언니의 영향을 상당히 많이 받았다고 할 수 있다. 나는 이 언니를 몹시 좋아했다.

입원하게 되자 에이키 언니가 나와 함께 병원으로 들어왔다. 병원생활은 언제나 언니와 함께 한 기억으로부터 시작된다. 우리가 생활한 곳은 오사카대학병원 1인실인데 언니와 나는 늘 붙어 다녔다. 언니는 자신이 돌보던 동생이 큰 병에 걸렸으니 오로지 병을 낫게 해야 된다는 생각에 불평할 여유도 없이 나와 투병생활을 함께 해준 것 같다. 내가 세 살 때였으니까 언니는 열다섯 살 때다.

언니는 실제보다 좀 더 나이가 들어보였는지 나와 함께 있으면 늘 엄마와 딸로 사람들이 오해했고 그럴 때마다 병실로 돌아오면 퉁명스럽게 "니가 내 딸이야?"하고 물었다. 나는 어쩐지 그 말이 좋아서 "응" 하고 대답했다 — 그렇게 서로 장난을 친 기억이 있다.

딱 한 번뿐이었지만 언니가 세일러교복을 입고 어슴푸레한 어둠 속으로 사라졌던 기억이 있다. 언니의 세일러교복이 묘하게 반짝거렸고 새벽 같은 어둠 속에 있는 언니가 전혀 다른 사람처럼 보여 몹시 불안했다. 내가 좀 더 자란 다음에 들은 이야기를 종합하면 학교에 다닐 겨를도 없이 동생을 보살피던 언니에게 내

아버지가 되는 분이 아무래도 안 되겠다며 교복을 사 입혀 학교에 보낸 것 같다. 하지만 그 후로도 언니는 내 곁을 잠시도 떠나지 않았으니 학교도 그저 한두 차례 갔을 뿐 계속 다니지는 않았다는 얘기다. 여하튼 이 언니와는 늘 함께 있는 쌍둥이처럼 지냈고 힘들었던 입원 생활에 한결같은 버팀목이 되어주었다.

에이키 언니와 함께

이 세상으로 다시 생환은 했지만 병마에 시달렸던 이후로 굉장히 쇠약해진 상태였다. 여러 차례 폐렴에 걸렸고 지금 생각해도 그 당시 대학병원이 정말로 그런 치료를 했나 의심될 정도인데, 만약 내 기억이 확실하다면 가슴팍에 겨자를 바르고 문질러서 굉장히 쓰라리고 고통스러웠던 기억이 있다. 그리고 모두들 나를 걱정스럽게 쳐다보았다. 당시에는 의사도 체면 같은 건 따

지지 않고 민간요법을 써서라도 어떻게든 치료해 보려는 의도였는지도 모른다. 하여간 주변사람들의 애간장을 태워 한시도 안심할 수 없는 상태의 아이였다. 이것이 내가 소아마비가 되고 난 후 첫 번째로 뚜렷한 기억이다.

그 다음은 혼자 어떻게든 앉아보려고 했던 기억이다. 간신히 혼자 힘으로 앉게 되었을 때 주위사람들이 매우 기뻐했다. 말하자면 그때까지 난 줄곧 누워 지내는 생활에 가까웠다. 그러고 보니 등에 이불을 받치고 앉아 있다가 어느 순간 스르르 옆으로 쓰러진 기억이 있다. 등에도 힘이 없어서 몸이 흐늘흐늘 하다. 그런 상태로 버틸 수 있을 만큼 앉아있게 된 것이다. 하지만 4년간의 입원생활 동안 내 몸 상태는 그 이상도 그 이하로도 달라지지 않았다.

그렇게 퇴원할 때까지 4년간 멈추지 않았던 Lumbar라는 주사 치료가 시작되었다. 오전 중에 수술실로 가서 척추에 커다란 주사를 맞는다. 이 주사는 어린아이의 몸으로는 상당히 고통스러운 치료다. 수술대 위에 새우처럼 구부려 눕혀져 어른들 몇 명이 내 몸을 붙든 상태로 주사를 맞았다. 일요일을 제외하고 날이면 날마다 그 주사는 쉼 없이 계속되었고, 그때마다 목청의 한계가 오도록 소리쳐 울었다. 주사를 맞기 전부터 몹시 우울해졌고, 맞고 난 다음에는 어김없이 속이 메스꺼워 토할 것만 같았다. 복통이 일어났고 나오지도 않는 변의를 느낀다. 이것만으로도 어린아이에게는 충분히 고문 같은 나날이다. 어머니는 내 울음소리에 더 이상 그 자리에 있을 수 없었다고 한다. 어머니 얘기로는 주사가 초기에는 효과가 있었다고 했지만 그 후에는 어떤 효과가 있었는지 알 수 없다. 하지만 이것이 내가 입원해 있는 동안 거의 유일한 치료였다.

이 시기를 떠올려보니 나에게 입력된 일상의 이미지는 내가 지내던 '오사카대학병원 남측 병동 2층 2호실'과 'Lumbar'라는 단어와 간호사가 들고 온 '포폰S'라는 노란색 물약으로 상징된다. 그리고 그곳에는 무조건 시키는 대로 할 수밖에 없는 절망적인 감정이 부유한다.

예를 들어 나는 오랫동안 '식욕'이라는 욕구를 알지 못했다. 그 무렵엔 늘 누군가가 밥을 먹여주었는데 무엇을 먹든 아무런 맛도 느끼지 못할 뿐더러 먹는 행위 자체가 고통이었다. 그럴 때마다 "또 그런 얼굴로 먹을 거야!" 라며 핀잔을 들었고 그 소릴 들으면 입으로 다가오는 수저가 흉기 같아서 점점 더 속이 거북해 토할 것만 같았던 정말 눈물겨운 식사였다.

물론 지금은 그렇지 않지만 먹는 행위에 대한 거부감이 나중에는 공복감을 못 느끼는 상태로 이어졌다. 이제와 생각하니 사람을 살리기 위한 병원인데 그런 생활이 길어지면 오히려 생명에 대한 감각이 희박해지는 것 같다.

나는 기억하지 못하지만 언젠가 어머니가 이런 얘길 한 적이 있다. "입원하고 얼마동안은 '마리짱(내가 나를 이렇게 불렀다), 언제쯤이면 걸을 수 있어?'하고 묻더니 나중에는 묻지도 않더라." 아마도 소아마비를 앓았을 당시에는 당연히 시간이 지나면 걸을 수 있다고 생각했는지도 모른다. 하지만 병원생활을 하는 동안 그런 기대는 점점 희박해져 갔다.

또 하나 내 기억에는 없지만 '동생이 낙담해 비뚤어지면 큰일'

이라며 언니가 나를 위해 동물원 같은 곳에 데려가 주었다고 한다. 그것도 휠체어조차 없는 시절이었으니 온종일 언니가 나를 안고 다녔다는데 언니가 어지간히 좋아한 영화관에도 자주 가지 않았을까.

그렇게 언니와 함께 지내다 갑자기 나는 어떤 환각에 시달리게 되었다. 언젠가 언니에게 안긴 채 어두운 환락가 같은 곳을 지나던 중이었다. 언니의 목을 끌어안고 언니가 걷고 있는 방향과는 완전히 반대방향을 바라보고 있었는데 모든 것이 나에게서 멀어져가는 풍경으로 눈에 들어왔다. 그러다 어느새 캄캄한 어둠과 네온 불빛만 눈앞에 펼쳐졌고 그 속에 혼자 남겨진 것 같아 덜컥 겁이 났다.

간신히 두려움을 참고 있었는데 별안간 눈앞이 캄캄해지며 전선 같은 것이 좌우에서 나타나더니 수많은 검은 점들이 보이기 시작했다. 전선들은 아무런 질서 없이 늘어나고 줄어들기도 하며 순식간에 바뀌었다. 또 검은 점들은 많아졌다 적어졌다 할뿐 이쪽으로 달려들지도 않고 일정한 거리를 두고 나를 에워쌌다. 너무 무서워서 소리조차 내지 못하고 몸도 얼어붙는 것 같았다. 오로지 눈만 힘껏 감았다 다시 떠보는 것밖에 할 수 없었다.

이때부터 이 환각은 예고도 없이 나의 일상에 돌연히 나타났다. 정말 무서웠다. 이 환각이 보이기 시작하면 무엇을 하든 누구와 함께 있든 속절없이 캄캄한 어둠과 선들과 검은 점들에게 지배당하고 말았다. 그것은 내 안에 도망칠 수 없는 공포와 무력감이 형상이 되어 나타난 것일까. 아니면 소아마비로 사경을 헤맬 때 죽음의 늪을 들여다보았던 훨씬 근원적인 기억이었을까.

이 환각은 얼마 지나지 않아 내가 '사람은 누구나 죽는다'는 사실과 격투를 벌이게 되는 발단이 되기도 했다.

오사카대학병원에 있을 때 또 하나 기억에 남은 추억이 있다. 지금은 이전하고 말았지만 당시 병원은 요도가와淀川 강에 있는 모래톱을 바라보고 있었다. 이따금 의자 같은 곳에 앉혀 달라고 해서 병실 창문으로 강을 바라보았다. 탁하고 지저분한 강이었다. 하지만 통통배가 지나가는 모습이나 덴진 마쓰리天神祭 축제가 열릴 때면 화려한 인형들을 실어 나르는 멋진 배를 구경할 수 있었다.

또 제방에 있는 공원에 데려가 달라고 해 왕골돗자리를 깔고 앉아 잡초로 소꿉놀이를 했던 기억이다. 내가 언니에게 졸랐거나 언니가 나를 위해 데려가 준 것이겠지만 나는 까닭 없이 흙을 만지며 노는 소꿉놀이를 동경했다. 그런데 실제로 해보니 소꿉놀이가 이내 싫증이 난다는 걸 그때 알았다.

* 짧은 귀가

그렇게 단조롭기만 했던 병원생활을 언니와 함께 4년간 보낸 후 퇴원했다. 집으로 돌아오자 어머니는 쇠약해진 내 체력을 보강하는 일이 가장 큰 목표라며 영양가 있는 음식을 정성껏 만들어 먹이셨다. 또 어딘가 용한 침쟁이가 있다는 소리를 들으면 어김없이 나를 데려갔다. 장애인이라면 어린 시절 누구나 경험하는 광경이다. 퇴원한 후 집에서 보낸 기간은 불과 1년뿐이었지만 이 시기가 나에게는 소중한 시간이었다.

우리 집은 예술인의 집안이라 한마디로 술장사를 하는 환경과 다름없었다. 아침은 늦게 시작되고 밤도 늦게까지 이어져서 어린 아이를 배려한 일상 따위는 가당치않은, 어른들의 시간밖에 존재하지 않는 환경이다. 변변한 서적은 물론이고 하다못해 그림책이나 동화책 같은 아이를 위한 지적인 물건은 일체 없는 집이었다. 하지만 아침에 발성연습을 하는 어머니를 보기도 하고, 어머니를 따라 인근에 있는 젊은 조선인 무용가의 연구소에 구경을 가기도 하고, 어머니 이름으로 간판을 내 걸었던 <김홍주 고전예술 연구소>에 나가보기도 하며 어머니 곁에서 지낸 시간은 어린 시절의 소중한 추억이다.

또 예전에 극단 단원이었다는 이가 오랜만에 어머니를 찾아와 그이의 북 솜씨와 어머니의 창(지금 생각하니 판소리 같은 것)을 견주는 모습을 보기도 하고, 어느 날은 이북으로 귀국을 하게 되었다는 옛 단원이 마지막 인사라며 색소폰을 연주하고 갔는데, 어머니는 그 뒤로도 일본에 그이만큼 색소폰 연주가 빼어난 사람이 없는데 아깝다며 자주 섭섭해 했다. 짧은 기간이었지만 밀도가 진한 볼거리를 다양하게 보고 들은 시간이었다.

더불어 이 시기는 병원에서 보냈던 시간에 대한 반발이었는지 어머니가 외출준비를 하면 어쩐지 쓸쓸해져 훌쩍훌쩍 울기 시작했다. 예인에게는 흔한 일이겠지만 어머니는 자신을 곱게 가꾸는 일에 온 정력을 쏟는 것을 당연하게 여겼다.

아침에 일어나면 먼저 눈썹을 그린다. 그리고 매일 밤 취침 전에 화장을 지우고 얼굴을 마사지 하는 시간을 몹시 중요히 여겨서 다 끝날 때까지 2시간 정도를 소비했다. 또 바깥에 나갈 때는 비싼 화장품에 화려한 보석, 고가의 모피 같은 걸 몸에 두르는 것을 좋아해서 몸단장을 하는데 다시 방대한 시간이 걸렸다.

그렇게 예술을 하는 여성의 천성 같은 것이 어머니가 눈썹을 그릴 때 굉장한 집중력과 집념으로 나타나서 내게는 범접할 수 없는 기백처럼 느껴졌고, 홀로 집에 남겨지는 서글픔과 두려운 감정이 뒤섞여 훌쩍훌쩍 눈물바람이 나기 시작했다. 그 기억의 반발인지 나는 어른이 되어서도 화장품이나 보석 같은 것에 여전히 거부감이 남아 나에게 그런 물건들은 서글픈 허영의 뒷모습일 뿐이었다. 하지만 어떤 경우에도 결코 떼를 쓰거나 반항한 적이 없었던 나로서는 이 시기에 그렇게 감정표현을 한 것도 흔치 않은 일이라 이런 사사로운 일이라도 있어서 오히려 다행이었다.

그러던 어느 날 나는 다시 묘한 감정에 시달리게 되었다. 여느 때와 다름없이 치료를 대신해 언니가 다리를 주물러 주는 동안 멍하니 천정을 보고 누워 있었는데 문득 이런 생각이 스쳐 지나갔다. '이런 보살핌을 받고 있는 나도 언젠가는 죽겠지. 사람은 어느 누구든 언젠가 반드시 죽고 말아.'

그러자 자주 시달렸던 캄캄한 어둠 속의 전선들과 검은 점들보다 더 두려웠고 '아무 것도 남지 않은' 상태가 되겠지만 죽는다는 일이 상상이 되지 않았다. 숨조차 쉴 수 없는 두려움, 언젠가는 반드시 내 몸에도 죽음이 닥쳐온다, 누구든 피할 수 없는 일이라는 생각이 들자 눈물이 났다.

그런 나를 의아하게 여긴 언니가 "왜 그래, 너 우는 거야?" 하고 걱정스레 물었다. 당황한 나는 언니가 눈치 채지 못하도록 "아니, 하품해서 그래." 라고 둘러댔고 감쪽같은 대답을 한 내가 놀랍기까지 했다.

그날 이후로 어둠 속의 선과 검은 점들의 환각에 '언젠가는 나도 죽는다'는 두려움이 더해졌다.

이 무렵 어머니가 사기를 당해 당시 살고 있던 집이 저당 잡히고 말았고, 그 빚을 갚기 위해 형제자매가 모두 집으로 불려왔는데, 급기야 어머니의 노래와 연주로 손님을 받는 조선식 고급요정 <광한루>를 열게 된 것도 선명한 추억이다. 커다란 접시를 비롯해 각양각색의 온갖 식기들이 방에 드나들었고, 사람들의 출입도 빈번해져 내 주위는 술장사 특유의 화려한 공기에 둘러싸였다. 하지만 그것도 반년인가 1년 만에 빚을 모두 갚게 되자 가게는 정리되었고 오빠와 언니들도 제각각 있던 자리로 흩어졌다.

그러는 사이 다시 집을 떠나야 하는 날이 다가왔다.

집에 돌아온 이후 체력은 회복되었지만 장애는 더 진행되어 있었다. 그렇기도 했고 이대로는 취학연령이 되어도 학교에 다니지 못하게 될 것을 걱정하던 어머니가 이전부터 차례가 오기를 기다린 장애아 시설에 나를 보내려고 준비하고 있었다. 어느 날 입소가 결정되었는지 갑자기 시설에 들어가야 된다는 말을 들었다.

만으로 7살 때였으니 장애아 시설에 들어간다는 것이 어떤 것인지 정확히 알지 못했다. 겨우 집으로 돌아왔다 싶었는데 이번엔 언니도 없이 혼자서 시설에 들어가야 한다니 도무지 믿을 수 없는데다 가고 싶지 않았다. 하지만 언제나 그랬듯이 나는 딱히 떼를 쓰지도 않았고 가족들은 곧바로 시설 입소 준비를 시작했다.

그러던 어느 날 내가 시설에 들어가는 일을 납득하지 못하는 걸 언니가 알아차렸는지 "시설에 들어가면 급식을 먹을 수 있어." 라고 말했다. 이전부터 나는 영화에 나오는 금속재질의 전통 식기를 동경했는데, TV에서 본 장애아 시설의 급식용 식기가 그 그릇들과 닮았다며 좋아했던 걸 언니가 기억해낸 것 같다. 나를 납득하게 한 그 말에 넘어갔다 — 라기 보다는 그 말을 의지해 나를 납득시킬 수밖에 없는 일이라는 걸 깨닫고 체념한 것이다.

그로부터 10년에 이르는 장애아 시설 생활이 시작된다.

2장

장애아 시설

* 이 별

1961년 5월. 그날은 이루 말할 수 없이 괴로운 기분이었다. 언니도 어머니도 같은 마음이었을 것이다. 옷가지와 필수품을 모두 새것으로 준비해 넣은 가방 하나와 함께 나는 언니에게 안겨 장애아 시설의 문을 들어섰다.

먼저 현관 바로 옆에 있는 사무실로 안내되었고 그 다음에 원장선생이라는 이에게 간단히 질문을 받았고 다시 사무실로 돌아가 언니와 함께 각종 서류에 무언가를 적었다. 곁에서 그것을 지켜보던 나는 내 이름이 '하라다 마리코'原田満里子로 적힌 것을 보고 뭔가 기묘한 것이라도 보는 기분이었다. 나는 조선인인데 일본이름만 적혀 있었다. 조선인은 그런 존재라서 처지를 설명할 절차 같은 건 무시되어도 당연하다는 게 충격이었다.

이 시설은 18세까지 연령제한이 있는 지체부자유 아동을 수용하는 시설로 치료와 재활이 필요한 아동 100명이 수용되어 있었고 의무교육도 병행해 실시했다. 간단히 말해 의무교육을 하는 병원 같은 곳이다.

서류작성을 하는 사이에 병실이 정해져 안내를 받았다. 병실은 동쪽 병동과 서쪽 병동으로 나뉘어 있는데 나는 동쪽 병동에 있는 어린이 병실의 침대를 배정받았다.

그런데 병실에 들어가 보고는 깜짝 놀랐다. 남자아이와 여자아이가 뒤섞여 같은 방에 있었다. 그저 휑하니 넓기만 한 병실에 8개의 침대가 놓여있고, 용변을 보거나 옷을 갈아입는 것도 전부 침대 위에서 해야 하는 중증의 장애아들뿐인데 커튼이나 칸막이 같은 것도 없이 모두 훤히 보이는 잡탕냄비 속 같았다.

그때까지는 집에서도 어머니와 언니하고만 지냈는데 오빠가 있긴 했지만 집에 거의 없는데다 남자 애들과 일상생활을 함께 한다는 건 생각할 수도 없었기에 이것만은 정말 끔찍해서 견딜 수 없었다.

나는 어머니에게 남자아이와 방을 함께 쓰는 건 도저히 못 하겠다며 떼를 썼다. 그러자 그곳에는 짐만 두고 남녀가 분리된 좀 더 큰 언니들이 있는 방을 알아보겠다는 말에 언니에게 안긴 채 어머니와 함께 병원 안을 둘러보았다. 시설이라고는 하지만 그 당시엔 아직 휠체어라는 장비가 없었다. 이날부터 무엇을 하든 허가가 필요했고 규칙을 따라야 하는 집단생활이 시작되었는데 그때는 그런 사실을 알지 못했다. 당시엔 나도 어머니와 언니도 내가 시설에서 잘 지낼 수 있을지 불안해서 조금이나마 위로가 될 만한 곳을 찾아 시설 곳곳을 둘러보았다.

어머니는 불안해하는 나를 어떻게든 달래고 싶었는지 수간호사에게 부탁해 이날만은 특별히 밖에 나가 점심을 먹어도 좋다는 허락을 받아냈다. 이 시설은 나오는 음식 외에 반입해서도 안 되고 시설 밖으로 나가면 탈주로 간주되는 곳이었다. 입소 첫날임에도 불구하고 용케도 밖으로 나갈 허가를 받아냈다는 생각이 든다. 그저 시설 밖으로 잠시 나갈 수 있게 된 것 만으로도 상당히 마음이 편안해졌다. 그때까지는 긴장한 탓에 아무런 감정도 느끼지 못했는데 밖으로 나오자 마음이 조금 누그러졌는지 당시에 느꼈던 '서글픈' 감정을 정나미가 떨어질 만큼 선명하게 기억한다.

그 기억은 점심을 먹으러 간 우동 집에서의 한 장면이다. 무엇을 먹고 싶은지 묻는데 도무지 입속에 음식을 넣을 기분이 아니었기에 대답을 못하고 바닥만 쳐다보았다. 그 때문에 애써 아무렇지 않은 듯 행동했던 모녀 셋 사이에 순간 무거운 공기가 흘렀다. 나는 마음을 다잡고 우동을 먹겠다고 했다. 그런데 주문해 나온 우동을 보아도 도무지 식욕이 나기는커녕 오히려 가슴이 먹먹해질 뿐이었다. 그런 나를 보며 어머니가 계란을 넣겠냐고 물었고 도무지 대답할 기분이 아니었지만 싫다는 한 마디를 하는 순간 눈물이 쏟아질 것 같아서 속마음과는 달리 그저 고개만 끄덕였다.

내 앞에 놓인 우동과 날달걀이 온통 눈앞을 뒤덮어 속이 울렁거리고 숨이 막혀 도저히 입에 넣을 수 없었다. 그날 이후로 나는 우동에 들어있는 날달걀을 볼 때마다 터져버릴 듯 짓눌리고 답답했던 그때가 떠올라 지금도 손이 가질 않는다.

그렇게 어머니와의 짧았던 시간도 끝나버리고 다시 시설로 돌아왔다. 어머니는 내가 남자 아이와 같은 방에 있는 걸 끔찍이 여긴다는 것을 수간호사에게 말했는지 며칠이 지나 좀 더 큰 여자아이들 방으로 옮기게 되었는데, 나도 모르게 가장 나이가 많아 보이고 의지가 되어줄 것 같은 한 언니의 침대로 재빨리 올라갔다.

어머니와 언니와의 마지막 이별도 거기서 한 것 같다. 하지만 헤어진 순간이 이상하게 기억나지 않는다. 두 사람이 내 눈을 잘 따돌리고 돌아간 것인지 아니면 견디기 힘든 슬픔 때문에 의식적으로 그때 기억을 지워버렸는지 그 부분만 싹둑 기억 속에서 잘려나갔다. 어느새 나는 그 언니 침대에 앉아 있었고 언니에게 "토모 언니(언니 이름은 토모코였다)라고 불러도 돼?" 하고 물었고, 자연스레 '토모 언니' '토모 언니'하며 마냥 언니를 따르게 되었다.

내 나름대로 어린 지혜를 짜내 이 시설에서 우리 언니를 대신해 줄 사람을 필사적으로 만든 것 같다. 놀랍게도 그날 나는 언니에게 '나, 실은 조선인이야'라고 귓속말을 하기까지 했다. 처음 배정된 방에 적응하지 못하고 시설이 어떤 곳인지도 몰랐을 때인데 남의 침대에 앉아서 왜 그런 말을 할 생각을 했는지 오랫동안 내 행동을 헤아릴 수 없었다. 어쩌면 그때 나는 '내 비밀을 알려줄게' 라며 오히려 장난처럼 중요한 사실을 언니에게 털어놓은 것 같다. 아마도 이제 여기서 지낼 수밖에 없다 체념하고 '나를 돌봐 달라'는 신호를 보낸 것이리라. 어이는 없지만 그 씩씩함과 당돌함이 지금 생각해도 놀랍다. 무엇보다 그곳에서 살아남기 위해 동물적인 본능처럼 나온 행동 같아서 실은 나이가 들어서까지도 자조적인 느낌과 함께 이 장면이 계속 뇌리에 남았다.

* 고독한 아이들

시설에서 지낸 집단생활은 어린 나에게 하나같이 고통스러운 일들뿐이었다.

내 방에는 어린아이 여덟 명이 함께 있었는데 처음에는 조금 큰 아이들이 있는 방에서 지냈지만 얼마 지나자 역시 같은 또래와 있는 편이 좋겠다며 또래 아이들이 있는 병실로 바꿔었다.

병실에는 반드시 보스 같은 아이가 있는데 이 아이의 비위를 건드려서 '절교!' 선언을 듣게 되면 이내 아무도 그 아이와는 말을 안 하는 규칙이 어느 사이엔가 정해져 있었다. 어느 날 갑자기 영문도 모르고 모두에게 무시를 당하는 거다. 이건 상당히 고달 팠다. 보스가 되는 건 비교적 장애가 가볍거나 손놀림이 좋다거나 뭔가 강점을 가진 아이로 그 애가 까다롭기라도 하면 터무니 없이 생트집을 잡히고 말았다. 그렇게 되면 하루하루 생활이 공포였다.

매주 일요일에만 면회가 가능했고 한 달에 한 번 1박2일 동안 외박이 허락되어서 가족들과 만날 수 있었다. 어머니와 언니가 매주 반드시 함께 와주었는데, 이곳에서 지낸 10년 동안 한 번도 빠짐없이 비가 오나 눈이 오나 계속되었다. 꽤 많이 자랄 때까지 일요일 면회 종료시간인 저녁 6시에는 가족과 헤어져야 했기에 어김없이 눈물바다가 되었다.

또 외박 때는 평소에 먹지 못하는 음식을 실컷 먹게 해주고 응석도 부릴 수 있었지만 돌아가야 하는 날 아침이 되면 잠에서 깬 순간부터 가슴이 먹먹하고 몹시 괴로웠다. 기분도 공연히 울적해져 밥이 목구멍으로 넘어가지 않았다.

그러다 어느새 밤이 된다. 우리 가족은 가능한 나를 집에 오래 있게 하려고 돌아가기 직전까지 기다렸다 택시를 불렀다. 때문에 내가 시설로 돌아가면 언제나 밤 9시 소등시간이 지나 있어서 시설직원에게는 빈축을 사는 존재였다. 언니에게 안긴 채 쓸쓸한 뒷문으로 들어가 캄캄한 어둠 속 차가운 복도를 지나 병동에 있는 방으로 들어간다. 모두들 하얀 겉싸개(담요를 넣은)를 뒤집어 쓴 채 죽은 듯이 고요하다. 소리가 나지 않도록 짐을 정리하고 서둘러 나를 침대 속에 눕히고 나면 언니가 작별인사를 한다. "그럼, 이제 간다." 언니가 돌아간 후 나는 혼자 남겨진 외로움 때문에 소리 없이 흐느꼈다.

나중에 언니에게 들으니 어머니는 외박이 끝나고 나를 시설에 두고 가는 것이 괴로워 따라나서지 못하고 데려다 주는 시늉을 하면서 그대로 집에 남아 등을 보인 채 우는 일이 잦았다고 한다. 입소 초기에는 어머니가 면회를 올 때마다 집에 데려가 달라며 떼를 썼는데 그때마다 어머니는 "(몸이)나아야 되잖아." 라며 나를 달랬다.

어느 날엔 도저히 견딜 수 없어서 "친구들이 내가 조센징이라고 쑤군거려. 이런 곳에 있기 싫어. 집에 가고 싶어." 하며 있는 일 없는 일 마구 꾸며내 어머니를 졸랐다. 그러자 어머니가 "그래, 집으로 가자." 하셨다. 수간호사와 의논해 본다고 했기에 '됐다! 이제 집에 갈 수 있어.' 하고 속으로 정말 기뻐했다.

그런데 얼마 후 내가 재활훈련을 마치고 돌아오자 방 친구들의 태도가 도무지 이상했다. 영문을 몰라 머뭇거리고 있으니 그중 한 아이가 "오늘 수간호사 선생님이 마리짱 흉을 보면 안 된다고 주의를 줬어." 하며 떨떠름한 표정을 짓더니 내게 화를 내지도 않고 거북할 정도로 친절히 굴었다.

수간호사는 그다음 일요일에 면회를 온 어머니에게 '병실 아이들한테 마리짱과 친하게 지내라고 단단히 주의를 줬다'고 했고, 어머니는 완전히 그 말을 믿고 말아 나의 퇴소작전은 엉뚱한 방향으로 맥없이 좌절되고 말았다.

　당시의 시설은 설비도 열악했고 더구나 겨울은 아이들에게 고문과도 같은 시기였다. 퇴소 후 한동안은 이 시설에서 보낸 겨울의 끔찍함을 생각하면 어지간한 추위는 견딜 수 있다고 생각했을 정도다.

　어느 정도였나 하면 난방이라곤 스팀밖에 없는데 그것도 겨우 아침 10시가 되어야 나오기 시작했고 그마저도 오후 4시면 차단되었다. 그 외에는 잠잘 때 보온 물주머니를 나눠주는 게 고작이다. 침구도 병원에서 쓰는 두꺼운 면에 뻣뻣하게 풀을 먹인 하얀 시트와 겉싸개뿐이었는데 이것들이 전혀 데워지지 않고 차갑기만 했다.

　각자 집에서 속에 덮을 담요를 한 장씩 가져와도 좋다고 했는데 오로지 이 담요가 온기를 유지하는 유일한 방법이었다. 게다가 중증장애가 있는 아이는 옷을 갈아입을 때도 직원의 손이 필요한데 한 사람이 아침에 3, 40명이나 되는 장애아들의 옷을 갈아입혀야 하는 상황이었다. 겨울엔 두꺼운 옷 때문에 더더욱 시간이 필요할 수밖에 없었고 어쩌다 고약한 직원이 걸리는 날엔 새벽 4시경에 우리를 억지로 깨우기까지 했다.

　이건 정말 고통스러웠다. 한 겨울 새벽 4시면 거의 한밤중이다. 그런 시간에 안간힘을 쓰며 눈을 떠야 했고 난방도 되지 않는 낡은 목조건물 8인용 큰 병실에서 모두 오들오들 떨며 옷을 갈아입었다. 그러는 사이 되도록이면 직원을 번거롭게 하지 않으려고 버틸 수 있을 때까지 옷을 갈아입지 않으려는 꾀가 직원들부터인지 아동들부터인지 어느 사이엔가 퍼져 내가 고학년이 됐을 무렵에는 대부분 옷을 입은 채로 자게 되었다.

이 시설은 내가 들어갔을 무렵에는 고관절 탈구, 카리에스(궤창), 폴리오(소아마비) 같이 비교적 손을 사용할 수 있거나 대부분 다리에만 장애가 있고 그것도 다리를 약간 저는 정도라서 겉보기에는 어째서 이런 아이가 시설에 있을까 싶은 아동이 많았다. 그러다 나 정도의 연령을 경계로 장애종류가 CP라고도 부르는 뇌성마비로 이행되어 간다. 뇌성이라는 단어가 붙는 것만으로 지능장애라 생각하기 쉽지만 CP는 지적장애와는 다르다. 몸이 경직되거나 끊임없이 불수의운동을 하기도 하는데 언어장애가 동반되는 경우가 흔해서 중증이 많다. 내가 지낸 10년 동안에도 시설환경이 조금씩 달라지긴 했지만 요즘 말하는 '시설 내 중증화' 현상이 일어나고 있었다.

소학교 3학년 무렵 시설에서

내가 앓은 중증 폴리오는 몸에 거의 힘이 없는 탈력(脫力) 상태이다. CP와는 달라서 몸에 힘이 들어가지 않기 때문에 에너지 소비량도 적다. 그래서 지금도 겨울이 굉장히 견디기 힘든데 시설에 있던 10년간은 해마다 다리에 동상이 걸려 퉁퉁 부었고 꽁꽁 얼었다. 그런 상태로 아직 한 밤중인 시간에 억지로 일어나 세면대로 가기 위해 차가운 휠체어 발판에 발을 올리는 순간 비명을 내지를 정도의 차가움과 통증. 그리고 수도꼭지에 얼어붙어 있는 고드름. 이 고드름을 깨고 수돗물을 받아 물에 손을 담그는 순간 살갗이 찢어질 듯 차가웠다. 보다 못해 더운 물을 갖다 주는 직원도 있었지만 여하튼 모든 일상이 악조건을 견디며 적응할 수밖에 없는 상태였다.

밤에는 이불 속에 있어도 추웠는데 그렇다고 직원을 부르지도 못하고 혼자 견뎌야 될 때는 남모르게 어머니가 보고 싶어서 흐느껴 울었다. 무겁고 차가운 담요는 어린 나의 팔 힘만으로는 온몸을 푹 덮을 수 없기 때문에 나는 필사적으로 이불을 치아로 물어 잡아당겼다. 그럴 때 가장 집이 그리웠다.

이런 일들을 친구들과 이야기 한 적은 없었지만 아이들 모두 제각기 비슷한 설움이 있었을 것이다.

나도 조금은 시설에 익숙해졌을 무렵의 일이다. 같은 방에 굉장히 귀여운 사내아이가 들어왔다. 그 애는 이미 중1 정도였는데 고학년 병실이 만실이라는 이유로 여자애들이 섞여있는 꼬마 병실로 들어오게 됐다. 내가 처음 시설에 들어왔을 당시의 힘들었던 기억이 떠올라 어쩐지 그 애가 딱하다는 생각이 들었다.

소등이 되자 다시 휑뎅그렁한 병실의 살풍경이 그대로 비춰진 커다란 유리창 너머로 으스스하고 캄캄한 밤하늘이 펼쳐졌다. 그 모습을 보고 입소 첫날 소등이 된 후 기차가 지날 때의 굉장한 소음(당시 시설 바로 옆에 증기 화물기관차가 오가는 선로가 있었다)과 땅울림 때문에 소름 돋는 공포를 느꼈던 일이 떠올랐다.

그런데 침대 몇 개쯤 너머 그 아이의 침대 쪽에서 흐느끼는 울음소리가 들려왔다. 나는 깜짝 놀라 다른 애들이 알아차리지 않을 정도의 조그만 소리로 그 아이에게 "왜 그래? 우는 거야?"하고 말을 걸었다.

지금 생각하면 아직 인사도 안한 신입아이에게 말을 걸다니 용케도 그런 용기를 냈다는 생각이 들지만 내 기분과 그 아이의 울음소리가 묘하게 맞아 떨어진 거였다. 나도 모르게 '네가 얼마나 외로운지 아플 만큼 잘 알아'라는 말이 나오려는 걸 꾹 참으며 "처음 들어와서 쓸쓸할 거야. 다들 처음엔 똑같았어." 하고 무뚝뚝하게 말을 건넨 것 같다.

바로 옆에는 간호사들이 있는 대기실 창이 있었기에 그다지 긴 이야기도 못했지만 그 아이는 어느 정도 안정이 되었는지 잠이 든 것 같았다. 모두들 그렇게 부모나 집과 떨어져 어린 마음에 외로움과 필사적으로 싸우며 저마다 시설에서의 시간을 보냈을 것이다.

* 죽어가는 친구들

10년 동안 시설에서 보낸 기억을 떠올리면 반드시 얘기할 수밖에 없는 것이 당시 시설의 열악함 때문에 처음에는 그다지 중증이 아니었던 아이가 순식간에 누워서 지낼 수밖에 없게 되거나 죽어 간 친구들을 보았던 경험이다.

맨 처음 그런 사람을 본 것은 입소 후 얼마 안 되었을 무렵이다. 나보다 나이가 많았던 그 사람은 지금 생각하면 가벼운 지적장애도 있었는지 구관조 같은 목소리로 같은 말을 계속 반복하는 밝고 수다스러운 사람이었다. 아마 '아보타카'라는 애칭으로 불렀던 것 같다. 오사카대학병원에 있을 때 옆방에 있던 사람과 많이 닮은 그녀가 왠지 친근하게 느껴졌다.

그녀는 줄곧 누워만 지내서 야위어 있었고 철사처럼 쭉 펴진 팔다리를 구부릴 수 없는 몸이라 늘 침대에 똑바로 누워있어야 했기에 어린 내가 보기에도 저 사람은 방치된 것이나 다름없다는 생각이 들었다. 뿐만 아니라 용변을 볼 때도 직원이 한쪽 다리를 들어 올리면 몸 전체가 휙 들린 채 몸통 밑으로 변기를 집어넣는 모양새라 도무지 사람을 다룬다는 느낌이 들지 않았다.

그녀를 대하는 직원들의 태도는 모두 그런 식이었는데 누워만 있다는 이유로 목욕도 자주 시켜주지 않고 머리만 이따금 감겨주었다. 그러다 결국 그녀의 몸에 욕창이 생겼고 의사와 간호사가 와서 상처를 소독하는 일이 그녀의 일과였다.

그런데 어느 날 그녀를 치료하던 간호사의 말을 듣고 내 귀를 의심했다.

여름더위가 한창이었던 것 같다. 여느 때처럼 상처를 싸맨 거즈를 갈아주려던 간호사가 소리쳤다. "구더기가 꿈틀거려!" 분명히 그렇게 들렸다. "거즈를 들춰보니 상처에 구더기가 꿈틀대는 거야, 세상에나." 비명인지 뭔지 모를 그 소리가 내게는 분명 그렇게 들려왔다. 하지만 직접 들여다 볼 수도 없었고 그 후로도 그날 일은 금기가 된 것처럼 아무도 입 밖으로 꺼내지 않았기에 확인할 방법조차 없었다.

이 일은 나에게 가장 충격적인 사건이었다. 하지만 평소 그녀를 대하는 직원들의 행동 — 별일 없을 땐 "아보타카는 명랑하구나!" 라며 칭찬을 하는 반면, 몸을 다루는 행위를 할 때의 가혹함이나 거즈를 교환하는 일 외에는 방치상태였다 — 만 보더라도 역시 그 사건만 돌출된 것이 아니라 처음부터 인간취급을 받지 못하고 있다는 생각이 들었다.

그 후에도 시설직원들의 태도를 관찰해보니 중증장애아이며 지적장애가 있고 게다가 부모가 없거나 있다 해도 거의 면회를 오지 않는 방치상태의 아이에게는 직원들도 따돌림에 가까운 취급을 한다는 걸 똑똑히 알게 되었다. 지금은 몰라볼 정도로 개선되었지만 당시는 시설의 설비도 근무여건도 열악했다. 직원들은 그런 불합리한 조건들을 온전히 견뎌야 했을 것이다. 하지만 그 여파는 점점 더 시설 내 약자에게 중첩되어 갔다.

중증장애 아이들의 동작이 느리다는 것도 바쁜 직원들에게는 짜증의 대상이었다. 나와 비슷한 또래에 피부가 희고 웃는 모습이 무척 귀엽고 얌전한 아이가 있었다. 이 아이는 부모님도 자주 면회를 온데다 그녀를 무척 아꼈다. 그녀는 계속 앉아만 있는 상태라 양쪽 팔에 힘이 없었는데 더 이상 혼자 양치질을 못하게 되었을 때부터 주위사람들과 실랑이가 시작된 것 같다.

추운 겨울이었다. 앞서도 말한 것처럼 옷을 갈아입는데 시간이 걸린다는 이유로 날씨가 추워질수록 중증 장애아일수록 일찍부터 깨워 억지로 옷을 갈아입게 했다. 아예 모두 다 해줘야 되는 아이는 그나마 다행이지만 혼자 갈아입을 수 있긴 해도 시간이 걸리는 중증 장애아일수록 비참한 상태가 된다.

그녀의 경우 혼자 옷을 다 입기까지 오랜 시간이 걸렸는데 그나마 날씨가 따뜻할 때는 훈련이라며 직원들이 도와주지 않고 스스로 갈아입게 놔두었다. 그러는 사이 가차 없이 차디찬 겨울이 닥쳐온다.

추운 겨울 아침에도 그녀는 한참동안 속옷 셔츠만 입은 채 옷을 입기 위한 첫 번째 과정인 '어깨에 걸치는' 데까지 가는데도 힘에 부치는 듯 한쪽 팔을 소매에 끼워 넣는 동작에서 계속 실패했다. 간신히 팔을 집어넣었다 싶으면 순식간에 스르르 흘러내려서 이제 몇 밀리미터만 집어넣으면 되는 지점에서 옷과의 격투를 반복했다. 울면서 옷을 갈아입을 때도 있었지만 직원들은 몇 시간이나 옷과 사투를 벌이고 있는 그녀를 방치했다. 그렇게 겉옷과 씨름을 하는 사이 그녀가 콜록콜록 기침을 하기 시작했다. 그럼에도 불구하고 그녀의 사투는 외면당할 뿐이었다.

그녀의 모습은 어린 우리들 눈에도 무모해 보였다. 우리는 저마다 판단해서 도움이 필요할 때는 직원에게 부탁하거나 옷을 입은 채로 자든가 해서 어떻게든 아침에 옷을 갈아입는 시간을 단축시킬 꾀를 내거나 나름대로 해결방법을 궁리해냈다.

그녀가 기침을 너무 심하게 하기에 보다 못한 나는 "감기가 심해지니까 그러고 있지 말고 직원에게 도와달라고 하면 어때?" 하고 말한 적도 있다. 하지만 이미 그 지경까지 이르자 오히려 그녀로서는 직원에게 도와달라고 하는 게 불가능했던 것 같다.

직원은 직원대로 그녀가 '직접 부탁하지 않는다'는 이유로 오기가 났던 모양이다. 직원들 중에는 짜증을 내며 다른 아이들을 깨우기 전에 그녀를 먼저 깨우는 직원조차 있었다. 아침식사가 와도 그녀 혼자만 여전히 옷을 갈아입느라 안간힘을 쓰는 상황은 점점 더 심각해져 갔다.

그녀의 몸 상태가 악화되는 건 정말 순식간이었다. 생글생글 웃던 미소와 귀여운 표정은 어느새 사라지고 완전히 체념한 눈빛

밖에 남지 않아서 보다 못한 나는 그녀에게 "죽을 작정이야?" 라며 화를 낸 적도 있다.

하지만 아무 것도 할 수 없었다. 같은 방에 있는 아이들도 모두 똑같은 심정이었지만 직원들과 그녀가 벌이는 실랑이를 그저 위태위태하게 지켜볼 수밖에 없었다. 아이들 나름대로 이런저런 조언 같은 말을 했지만 그녀한테는 그저 성가신 참견일 뿐 오히려 더 힘들게 했는지도 모른다.

그러다 결국 그녀의 감기는 기관지염까지 일으켰고 치료를 한다며 다른 병원으로 긴급 이송되고 말았다. 이송된 지 얼마 지나지 않아 그녀가 죽었다는 얘기가 들려왔다. 며칠 뒤 그녀의 어머니가 남은 짐을 챙기러 병실로 찾아왔다. 우리는 두 번 다시 그녀를 볼 수 없었고 그녀의 침대는 다른 사람이 쓰게 되었다.

나는 짐정리를 하러 온 어머니의 뒷모습을 보며 '그 애는 시설 직원들이 죽인 거예요' 라고 말하고 싶은 강한 충동을 느꼈던 것을 똑똑히 기억한다.

* 인간의 에고이즘을 보다

이런 일들이 일어나면 반드시 나오는 말이 시설의 설비환경이나 직원의 처우 같은 문제이다. 그리고 결국은 복지정책 문제로 논점이 옮겨간다. 분명 그 문제는 예전이나 지금이나 엄연히 존재한다. 그것들이 충분히 개선되어야 함은 물론이지만 7살 어린 나이에 이런 시설에서 보내야 했던 나로서는 이러한 일들이 복지정책 문제뿐만 아니라 훨씬 더 깊은 인간의 본질에 관한 문제라는 생각이 든다.

시설에서 이런 상황의 한복판에 있었던 내가 느낀 건 '나는 지금 극한상황에서 인간의 에고이즘이라는 본질을 보고 있다'는 것이었다. 그리고 그 본질은 내 안에도 존재한다고 느꼈다. 내 안에도 어느 틈엔가 직원들의 행동에 가담해 가장 배제당하는 이에 대해 모멸감을 갖게 되어버린 내가 있었다.

기관지염으로 죽은 그녀 이후였던 것 같다. 나보다 조금 나이가 많은 가무잡잡하고 시원스런 눈매에 이목구비가 수려한 언니가 들어왔다. 다정해 보이고 약간 근심을 품은 듯 보이는 이 언니가 한 눈에 맘에 들어 어떻게든 친해지고 싶었다.

뭐든지 아마미 오오시마(奄美大島 가고시마현 남쪽 아마미제도에서 가장 큰 섬)라는 남녘 섬사람으로 통하는 언니였다. 여동생이 몇 있었는데 일요일 면회 때는 언제나 동생들이 찾아와 언니 곁을 떠나지 않았다. 집에 있을 때 살가운 언니였다는 걸 느끼게 하는 광경이었다.

그녀가 입원한 지 얼마 되지 않아 어쩌다 침대에서 떨어졌고 이후로는 누워서 지낼 수밖에 없게 되고 말았다. 떨어지는 순간을 나는 보지 못했는데 심하게 떨어졌다기보다 미끄러지듯 스르르 떨어졌다고 한다. 그런데 그 뒤로 그녀는 더 이상 앉아있지도 못하고 줄곧 누워서 생활하게 되었다.

이전에 구관조처럼 같은 말을 반복하던 '아보타카'와 마찬가지로 종일 잠옷차림인 채 마치 환자처럼 누워있을 수밖에 없으니 자연스레 그녀의 시선은 천정에만 머물러 있었다. 그러니 침대에 앉아있는 우리들과는 서서히 대화가 없어지기 시작했다. 원래 말이 없는 사람이었는데 점점 더 말을 하지 않게 되었다. 소변이 마려운 감각도 둔해져서 나중엔 기저귀였는지 소변 호스를 통해서 해결했는지 확실하지 않지만 휴대용 변기에 용변을 보는 일은 없었다.

목욕도 시켜주지 않아서 그녀 주위에는 어느새 파리가 모여들었고 이상한 냄새가 자욱해지기 시작했다. 나는 동경하던 언니가 그렇게 된 것이 믿기지 않아서 처음에는 이것저것 이야기를 나눌 구실을 만들려고 했다. 밥을 먹여주는 직원을 대신해 내 멋대로 그녀의 입에 음식을 넣어 준 일도 있다. 하지만 그녀의 시선은 멍하기만 할 뿐 말을 걸어도 아무런 반응도 없었고 이전과는 완전히 다른 사람이 되어가는 것이 나로서는 몹시 충격이었다.

결국 그녀는 점점 의식이 후퇴되어 가는 듯 사람에게 반응하지 않게 되었고 야위고 중증이 되어갔다. 그러던 어느 날 우리들 앞에서 홀연히 사라졌다. 폐렴인지 뭔지 모를 또 다른 병이 생겼다는 이유로 다른 병원으로 옮겨졌는데 역시 그 뒤로는 우리들 곁으로 돌아오지 않았다. 그 후 그녀가 어떻게 되었는지 우리에게는 알려지지 않았다.

나는 그런 그녀를 내 나름대로 버틸 수 있을 때까지 지켜본 후 가망이 없다고 단념했었다. 그 후로는 그녀를 심하게 다루는 직원들을 보아도 어쩔 수 없는 일이라고 여겼을 뿐만 아니라 나도 똑같이 그녀가 모멸감을 느꼈을 행동을 하기 시작했다. 이제와 생각해보니 나도 분명 죄책감을 느끼기는 했다. 하지만 당시에는 시설직원들의 기분에 따라 그날의 처우가 달라지는 것이 현실이었고, 장애가 중증일수록 직원의 안색을 살피는 것이 습성이 되어간 생활이었다. 시설이라는 곳은 결코 낙원이 아니라 결국은 일반사회에 존재하는 차별의 응축이 보다 더 날것의 형태로 당사자에게 행해지는 장소일 뿐이다.

이런 환경 속에서 나를 포함한 인간의 심리에 대해 생각하게 되었다. 선도 악도 따로 존재하는 것이 아니라 한 인간 속에 동시에 공존한다. 선한 사람과 악한 사람이 있는 것이 아니라 한 사람의 마음에 양쪽이 존재해서 우연히 그 순간 어느 쪽인가가 드러나는 것일 뿐 절대적으로 선한 사람은 없다. 더욱이 극한상황에서는 악한 쪽이 먼저 나오는 경우가 자연스럽고 그게 본심이다.

때문에 평소에 이 본심을 직시하지 않으면 인간으로서 나약해지는 거라 생각했다. 내 안에도 나약함이나 악한 부분이 분명히 있다. 그것을 외면하고 모른 척하면 오히려 나도 모르는 사이에 그것에 끌려 다니게 되고 만다.

반대로 아슬아슬한 그 본심을 직시함으로써 어떤 문제에 직면하거나 정말 극한상황에 놓였을 때 나의 나약함에 휘둘리지 않고 진정한 의미에서 나의 '선택'을 할 수 있다. 그러지 않으면 '나는 무엇을 원하나' 보다는 그 상황을 지배하는 힘을 쫓아가는 일이 우선시 되어 결과적으로는 본의 아니게 끝나버리고 만다. 그러면 후회만 될 뿐이고 괴롭고 찜찜한 기분만 남는다. 나는 내 감정에 솔직해지자고 다짐했다.

침식을 함께 할 수밖에 없는 시설이라는 집단생활 속에서 하나같이 도망칠 수 없는 아이들이었다. 어느 날 그곳에서 함께 지내던 아이가 홀연히 자취를 감춘다. 그런 일에 대해 어른들은 아무 일도 없었던 것처럼 입을 다문다. 석연치 않은 채로 알려지지 않은 일들은 아이들 사이에서도 입에 담아서는 안 되는 금기가 되었다. 우리 같은 아이들에게 그런 일이 커다란 마음의 응어리가 되어 불행을 초래한다는 것을 어른들은 깨닫지 못했다. 시설에서 만났던 그녀들이 적어도 나에게는 인간에 대한 고민의 원점이 되었다.

* 사춘기를 보내며

인간의 에고이즘을 받아들일 수밖에 없는 이런 환경 속에서 나는 '상처를 주다' '상처를 받다'는 말이 끔찍하게 싫은 식어버린 사춘기를 맞고 있었다.

'상처주다' 혹은 '상처받다'는 말은 언뜻 남의 심정을 배려하는 것 같지만 실상은 그렇게 말하는 것만으로도 상대를 이해한 것처럼 만들어 버려서 실체가 없이 사람을 혼란스럽게 하는 달달한 말이라고 생각했다. 정말로 사람이 받게 되는 '상처'라는 게 있다면 그렇게 달달한 말로는 표현할 수 있는 것이 아니다. 실제로 우리가 지내던 곳은 그런 말이 통용되는 세계는 아니었다.

그곳에서 나는 남에게 상처를 주더라도 얘기해야만 되는 일이 분명 있을 것이고 진정한 인간관계를 만들려면 오히려 그걸 피하고는 성립되지 않는다고 생각했다. 엄밀한 의미로 사람이 타인에게 상처 입힌다는 것이 가능할까. 비록 그것이 상대에게 혹독하다 하더라도 정말 그렇게 생각한다면 그런 사실을 말할 수 있는 관계를 맺고 싶고 또 나에게도 그러길 바랐다. 지금도 변함없는 나의 신념이자 이 시기 '친구란 무엇인가' 깊게 생각한 끝에 내린 결론이었다.

그동안 면회를 오거나 나를 데리고 집을 오가는 등 살뜰하게 보살펴 주던 에이키 언니가 '내가 마리코 때문에 희생해야 할 이유가 없다'는 말을 남기고 집을 나갔던 것도 이 무렵이었다.

나는 그 얘길 듣고도 의외로 쿨하게 '그래, 언니에겐 언니의 길'이 있는 거라 생각했는데 오히려 소소한 일에 적응하지 못하는 어머니가 더 걱정이었다. 좀 더 자란 후에는 나를 그토록 보살펴준 언니에게 진심으로 감사했다. 지금 돌이켜보아도 언니가 그때 나와 제대로 결별해준 것이 정말 다행이었다.

그러다 3, 4학년 쯤 되었을까(1년 늦게 시설 내 학교에 입학해서 다른 애들보다 한살 많았다), 어느 날 나는 하나의 인생관이 되었다 해도 좋을 경험을 한다. 그건 친구들과 놀고 있을 때 정말 뜻밖에 찾아왔다.

앞에도 쓴 것처럼 그때까지 나는 갑자기 덮쳐오는 어둠과 죽음의 공포에서 도망치지 못하고 있었다. 그런데 죽는 게 두렵다고 생각하며 사는 것 말고 분명 죽는 순간이 무섭지 않은 삶을 살 수 있는 방법이 있을 거야. 그러려면 죽기 전까지 어떻게 살아왔는지가 중요하지 않을까. 삶의 궤적이 죽는 순간에 나타나는 것이니 '죽기 위해서 산다'고 해야 할까, '보다 나은 죽음의 순간을 위해 살아가도 된다'는 걸 깨달았다. 그걸 깨달은 순간에는 정말 눈앞이 환해지는 기쁨을 느꼈다.

이걸로 이제 죽음의 공포와는 이별할 수 있겠다며 기뻐했다. 하지만 모든 일이 그렇게 단순하지만은 않듯 그 후에도 죽음의 공포는 때때로 틈을 비집고 얼굴을 드러냈다. 그래도 이후로는 혹시 죽으면 어쩌나 하는 걱정은 고개를 휘저으며 떨쳐낼 수밖에 없는 일이라 여기게 되었다. 그건 분명 하나의 전환점이었다.

그로부터 얼마 지나지 않아 이른바 나의 출생의 비밀에 대해 알게 되었다. 소학교 5학년 무렵이었던 것 같다.

어느 날 면회를 온 어머니에게 그동안 한 번도 들은 적 없었던 아버지에 대해 자세히 들을 기회가 있었다. 그런데 도무지 이상했다. 나는 아버지가 다른 여자가 생겨서 우리를 버린 거라고 생각했는데, 어머니 얘기로는 오히려 새 여자는 어머니 쪽이라는 뉘앙스였다.

"그럼 나는 사생아야?" 내가 다그쳐 묻자 어머니는 "그런 셈이지." 라고 대답했다. 일단 그때 나는 울었던 것 같다.

이 무렵부터 나는 시설 직원들에게 '자살을 희망하는 감수성 넘치는 까칠한 소녀' 행세를 하기 시작했다. 그리고 어른들은 더럽다고 생각했다. 하지만 내심 사생아라는 말의 여운을 꽤 맘에 들어 한 면도 있다. 평탄하지 않은 출생의 비밀로 내가 비운의 주인공이 된 것 같아 적잖이 놀랐던 기억이 있다. 또 이 무렵엔 히피를 동경하고 불량한 소녀들을 동경했는데, 말로 표현은 안했지만 중증장애인이 불량해질 수 없다는 건 차별이라는 생각까지 들었다.

'비겁한 어른 따위 절대로 되지 않을 거야' — 그야말로 끊임없이 요동쳤던 열 두 살이었다.

* 경증이냐 중증이냐 ─ 시설의 현실

그렇게 감수성이 예민해질수록 시설의 현실 또한 좋든 싫든 느낄 수밖에 없었다. 한 마디로 말하면 철저하게 장애의 경중에 따라 사람에게 순위가 매겨지고 이후 진로로도 이어진다는 걸 알게 된 과정이다.

중증장애아는 오로지 침대 위에 멍하니 누워있는 일이 유일한 일상이다. 시간이 되면 식사가 배달되어 오고 공부시간엔 자력으로 이동이 가능한 동급생들이 알아서 모이니 재활훈련 이외에는 이동할 필요가 없었다.

게다가 훈련이란 것도 누워만 지내는 아이의 경우에는 직원의 손이 부족하다는 만성적인 사정도 있어서 생략되는 것이 일상이었다. 때문에 전혀 몸을 움직일 수 없는 아이와 휠체어에 탈 수는 있어도 양쪽 바퀴를 직접 굴릴 수 없는 아이, 혼자 힘으로는 휠체어도 타지 못하고 그렇다고 직원이 안아서 태워주기엔 체중이 무거운 아이들은 시설에 있는 동안 몇 년이 지나도 침대 위 일상밖에 없는 자리보전 신세다.

때문에 나 같은 아이는 어떻게든 침대에서 벗어나려고 다부져 보이는 보일러실 아저씨나 훈련을 도와주는 언니(젊은 여자직원을 이렇게 불렀다)가 방 앞을 지나는 것을 기다렸다가 재빨리 불러 세워 휠체어에 타는데 성공한다. 하지만 중증장애아는 휠체어를 타고 있어도 경증장애아 중심의 놀이(깡통 차기, 소프트볼 따위가 유행이었다)를 쫓아다니지 못하니까 결국 할 일이 없어 다시 침대에 누워 멍하니 지낼 수밖에 없다.

조금 더 크자 남녀로 방이 나눠짐과 동시에 직원의 수고를 덜 수 있도록 손이 많이 가는 중증과 그렇지 않는 경증으로 방을 나누었다. 방 사이에 교류는 그다지 없었지만 움직일 수 있는 아이들끼리는 활발하게 오가기도 했는데, 중증인 아이는 아무래도 방에서 나올 일이 그다지 없었기에 자연히 폐쇄적인 분위기였다. 이미 이 무렵부터 아이들 사이에도 확실하게 중증과 경증의 구별이 있었다(그것도 서로에게 울타리를 치고 있음에 지나지 않은 걸 나중에야 깨달았지만…).

　　이것은 이성문제에도 여실히 드러났다. 그 시절은 여성해방운동이나 페미니즘 같은 말도 없어서 그저 시시한 대화로 끝났지만, 역시 여자아이든 남자아이든 비장애인에 가까울수록 인기가 있는데다 중증인 아이가 경증장애가 있는 아이에게 열을 올리는 경우는 있어도 반대로 경증인 아이가 중증장애 아이에게 적극적인 경우는 없었다.

　　그만큼 경증과 중증의 상하관계는 뚜렷했고 당연히 경증인 쪽이 위였다. 특히 여자아이들이 심했는데 경증인 여자아이에 대한 선망은 내게도 있었고 또 시설전체 고학년 아이들의 분위기도 마찬가지였음을 장애가 심한 아이들은 이미 감지하고 있었다.

　　예를 들어 남자아이의 경우 머리가 좋고 조금 멋지면 걷지 못해도 그럭저럭 인기가 있었는데 여자아이의 경우에는 걷지 못하고 휠체어를 타면 치명적이어서 상대해 주지 않았다. 다시 말해 여자아이 쪽이 남자아이의 뜻에 따라야 된다는 분위기였다. 다소 중증인 여자아이라도 헌신하겠다는 마음을 좋아하는 남자아이에게 어필만 하면 어떻게든 마음을 얻는 일이 불가능하지는 않았지만, 역시 커플이 되는 건 장애의 정도가 비슷한 애들끼리였다. 결국 균형이 맞지 않는 커플은 있을 수 없었다.

그런 일들을 보며 당시 나는 무턱대고 누군가를 동경한다거나 좋아하는 감정을 갖지 않으려 했다. 때문에 같은 방에 있는 중증의 친구가 동급생에게 열을 올리기라도 하면 '순진하기는, 어차피 상대해 주지 않을 게 뻔한데' 라며 우습게 여기기도 했다. 그 대신 그 무렵 새로 들어온 정의감 넘치는 독신의 의사를 두고 친한 친구와 함께 흥분하며 '첫사랑'이라 야단을 떨었다. 어린 마음에 그쪽이 무난하다고 생각한 거다.

이미 이 무렵부터 남존여비에 민감했던 나는 남자아이가 '너'라고 하는 걸 좋아하는 여자애들의 기분을 이해하지 못했다. 남자아이가 나에게 '너'라고 하면 "내 이름은 '너'가 아니야. 그러니까 대답 못하겠어." 라고 말하기도 했다. 그러면 상대도 내 이름을 제대로 불러주었다.

또 이런 일도 있었다. 운동회 분위기를 띄워보자는 시설직원의 제안으로 고학년 경증장애 여자아이들이 중심이 되어 응원단이 생긴 후 2년 쯤 지났을 무렵이다.

당시 응원단 여자애들 사이에서 응원전 연습이 싫다는 의견이 나왔다는 말을 듣고 깜짝 놀랐다. 속도를 겨루는 운동회는 경증장애아들을 위한 행사라 우리 같은 중증장애아를 위한 제대로 된 경기도 없었고 피에로 흉내를 내는 것 같아서 너무 싫었다. 그래도 시설의 단조로운 일상에 이런 이벤트를 하는 의도를 충분히 알았고 열심히 해서 피에로 노릇도 잘 해내면 좋지 않나 생각했다.

경증장애 남자아이가 적었기 때문에 대신 여자아이가 앞에 나와 응원단을 지휘했는데 그 아이가 늠름하고 멋져 보여서 나로서는 아무 불평 할 여지없는 운동회의 꽃이었다.

'장애가 가볍다는 이유로 여자인 우리가 앞에 내세워지는 것이 창피하다…'는 것이 그 아이들의 주장이었는데 화가 치밀어 나도 모르게 직원에게 불만을 터트렸다.

"우리 같은 중증도 맘에 안 드는 경기에 불평 없이 나가는데 응원단이 싫다니! 응원단을 여자가 한다는 게 얼마나 멋진데. 경증만 할 수 있는데도 여자라서 싫다니 무슨 배부른 소릴 하는 거야? 중증에게 일부러 보란 듯 빈정대는 걸로 밖엔 안 보여."
결국은 경증인 여자아이들도 수긍해 응원단은 계속 되었지만 경증과 중증, 여자와 남자, 이 두 가지의 미묘한 처지를 느낀 사건이었다.

이처럼 어린 시절의 사소한 남녀관계나 시설을 나온 후 진로만 보더라도 중증장애가 있으면 달리 방법이 없다는 걸 여실히 알게 된다. 주변에 있는 선배들만 보더라도 시설을 나온 중증장애인이 사회에 진출할 수 있는 기회는 거의 없었다. 집에 있는 경우가 태반이고 혹여 시설에 들어가길 원한다 해도 성인 중증장애인에게는 종신시설밖에는 없다는 현실을 깨닫게 되었다.

* 무엇을 위한 노력?

그렇게 지내는 동안 나는 한 가지 중요한 선택을 했다. 걷기 위한 훈련이 목적인 시설에서 이른바 '비장애인'에 얼마나 가까워

지느냐는 노력에 스스로 종지부를 찍은 일이다.

시설에 들어가면 훈련, 수술(나는 10년 동안에 3차례의 수술을 받았다), 게다가 여하튼 '좋아진다'는 명목으로 이런저런 의료행위를 받게 되는데, 이전보다 장애 정도가 나아지거나 걸을 수 있게 되어 시설을 나가는 아이는 거의 드물고 입소 당시와 차이가 없는 경우가 대부분이었다.

앞에서도 쓴 것처럼 오히려 죽어서 시설을 나가는 아이나 들어올 때보다 중증이 되어 누워만 지내는 아이도 있어서 나에게는 그런 현실이 더 가깝게 느껴졌다.

'치료 된다'거나 '좋아 진다'고 어른들은 말했지만 명확하게 현실적으로 그럴 가능성이 없는데 도대체 무엇 때문에 훈련을 하며 무엇 때문에 노력을 강요당해야 하는지 괴로웠다.

그 무렵 다리에 보장구를 착용하고 휠체어에 상반신을 걸친 채 다리를 지렛대 삼아 바닥을 차며 앞으로 나가는 훈련을 받았는데 실제로 그렇게 걷고 있는 친구들을 봐도 그것이 내게는 도무지 '걷고 있는' 모습으로 보이지 않았다.

의미 없는 '치료'라는 말의 주술에서 해방되고 싶었다. 의식하지 못하는 사이에 아이들을 속박하려고 시설이 내세우는 가장 큰 화두인 '노력'이라는 불길한 단어로부터 벗어나고 싶었다. '아무리 열심히 훈련을 해도 도무지 걸을 수 있을 거라는 생각이 들지 않는다'는 진실을 인정하기로 결심했다.

5학년 무렵 어느 아침이었다. 오늘은 기필코 이 무의미한 노력에 마침표를 찍겠노라 다짐하고 기립훈련 자세로 주치의 선생님이 오기를 기다렸다. 그리고 선생님에게 물었다.

"선생님, 훈련만 하면 내가 정말 걸을 수 있나요? 안 된다면 솔직하게 말해 주세요."

물어볼 것도 없이 답은 분명했다. 하지만 굳이 선생님이 눈앞에서 결론을 내려주길 바랬다. 그렇지 않으면 더 이상의 훈련은 없다는 절박함이었다. 더는 나 자신을 속일 수 없었고 속이고 싶지도 않았다.

"으음…" 선생님은 고뇌와 괴로움을 애써 감추지 않았다. 긴 시간이었던 것 같다. 하지만 내가 기대했던 대로 선생님은 피하지 않고 나를 보며 대답해 주었다.

"어려울 거야."

쉽지 않은 대답을 해준 선생님에게 미안하다는 생각이 들면서도 듣는 순간에는 눈물이 멈추지 않았다. 하지만 이걸로 결론이 난 셈이었다. 다음은 이 결론을 어머니가 납득하느냐가 문제였는데, 다음 면회를 하는 날 어머니의 희망에 대한 마지막 효도를 할 요량으로 보장구를 착용하고 있는 힘껏 병원을 한 바

미래를 고민하기 시작했을 무렵

퀴 돌았음에도 어머니는 별다른 감회를 보이지 않았다. 어머니에게도 그것은 단순히 걷는 흉내로 밖에 보이지 않았던 것 같다. 어머니의 이런 냉철함이 상당히 도움이 된 면이 있다. 이 일로 다음 날부터 훈련내용을 대폭 바꾸게 되었다.

길고 길었던 시설생활 중에 내린 이 결정은 나로서는 커다란

'금자탑'이다. 솔직하게 나에 대한 판단을 내려준 선생님이 계셔서 다행이었고, 스스로 납득할 수 있는 길을 처음으로 선택할 수 있었기 때문이다.

그렇게 6학년이 된 어느 날 문득 '내가 앞으로도 중증장애인으로 살아야 한다는 사실은 달라지지 않는다. 그 얘긴 내가 장애인이란 걸 인정하지 않고는 앞으로의 인생도 없다는 얘기다. 그렇다면 장애인의 삶에 대해 고민할 수 있는 인권운동 같은 것을 하지 않으면 앞으로 나의 삶도 없는 것 아닐까' 하는 생각이 들었다.

그때 '운동'이라는 단어가 선명히 떠올랐다. 돌이켜 보면 그 무렵 바깥세상은 사실 야단이었다. 하지만 시설 안은 그런 정보들과는 인연이 없는 세계여서 운동이라는 확고한 개념이 내 머리 속에 있었을 리도 만무했다. 그런데도 까닭 없이 돌연 그 단어가 떠오른 거다. 죽음에 대한 내 나름의 해답을 찾았을 때처럼.

3장

어두운 터널

* 고등학교에 갈래

6학년 과정이 끝나갈 무렵 졸업이 다가오자 나는 다급해지기 시작했다.

'어쩌지, 이대로 있어도 되나. 더 이상 멍하니 있다가는 눈 깜짝 하는 사이에 중학교 3년도 지나가고 말겠지. 학교생활이 앞으로 3년밖에 남지 않은 거야.'

하지만 어떻게 해야 좋을지 몰라서 일단은 아무런 확신도 없이 '고등학교에 가자' 혼자 결정하고 부모님과 주위에 그렇게 선언했다. 내 뜻을 가장 먼저 이해해준 사람은 어머니였다.

중학교 과정 선생님에게는 "그렇게 중증인데 굳이 고등학교까지 가지 말고 기술을 배우는 편이 더 낫지 않겠냐."는 말을 들은 적도 있다. 나는 속으로 그런 소리를 하는 교사를 경멸했다. 학생이 좀 더 상급 학습을 희망하는데 아무리 시설 안이라지만 적어도 교육현장에 있는 교사 입장에서 공부는 안 해도 된다는 소리밖에 할 말이 없는 당신은 도대체 뭐하는 사람이냐고.

그렇지만 현실은 그 교사가 얘기한 것처럼 굳이 말을 안했을 뿐 대부분의 교사가 같은 생각이었다. 고등학교에 간다 해도 양호학교(맹아학교, 농아학교 이외에 심신장애아를 대상으로 교육하는 학교)밖에 없었고, 그마저도 걸을 수 있는 아이들이 해당될 뿐이었다. 게다가 양호학교도 불과 몇 곳 되지 않았다. 일반학교는 생각조차 할 수 없는 시대였다. 양호학교도 중증장애인만의 특별한 공부가 가능지도 않았다. 오히려 열등생에 가까운 내가 뭐 그리 대단하겠냐는 게 주위의 솔직한 속내였다.

하지만 어머니는 내가 소학교 과정도 제대로 졸업할지 알 수 없는 시기에 '고교진학'을 희망한 것을 조금도 비웃지 않고 "그건 좋은 생각이야, 고등학교에 가면 되지." 하며 내 뜻을 이해해주었다. 이 무렵부터 어머니는 내가 세상의 규범에 얽매이지 않고 다소 무리하다 싶은 일에 도전하는 것을 기뻐해 주는 면이 있었다.

그런 내 의지는 가상했으나 현실은 좀처럼 따라 주지 않았다. 무엇보다 압도적으로 학력이 부족했다. 소학교 과정이 시작됐을 때는 중증 장애아의 경우 교실이동을 할 수 없기 때문에 침대수업을 했는데 그때마다 교사가 장애아동의 침대로 찾아와 일대일로 가르쳤다.

선생님은 적고 아동은 많은 상황에서 그런 식으로는 정상적인 수업이 될 리 없었다. 국어나 사회과목의 경우엔 수업을 따라가지 못하면 한 두 권쯤 교과서를 건너뛰는 것이 보통이었는데 산수만은 그럴 수가 없었다. 중학생이 되었을 땐 산수가 너무 뒤쳐져서 중3인데도 아직 소학교 4학년 수준밖에 되지 않았다.

자랑은 아니지만 나는 공부라는 걸 몹시 싫어했다. 일단 숙제는 아예 안하는 경우가 빈번했고 시간표조차 미리 확인하지 않을 때도 있었다. 걸을 수 있는 아이가 우리처럼 걷지 못하는 아이 방으로 와서 수업을 하기 때문에 침대에 누운 채 기다리면 되었고, 심한 경우 어떤 과목인지 확인하지 않아도 바로 옆 책꽂이에서

교과서를 꺼내들면 그만이었다. 그러니 숙제도 예습도 할 필요를 못 느끼는데다 수업시간에 창피를 당해도 적당히 둘러댈 수 있는 환경이었다.

이러니 뜻은 높았어도 실력은 따라주지 않았고 정신적으로도 확고한 면과 심하게 약한 부분이 공존해서 양극단이었다. 그 당시 나는 '무슨 일이든 소극적인데다 숫기도 없고 노력이란 건 전혀 안하는 게으름뱅이여서 도무지 답이 안 나오는 녀석'이라는 딜레마에 빠져있었다.

사실 시설에서 하는 훈련도 내게는 '노력을 전혀 안하는 아이'라는 딱지가 붙어있었다. 세 차례나 수술을 하고도 재활훈련 결과가 수술 전과 다름없었기 때문에 듣는 소리였는데, '어떤 성과가 나오지 않는다 해서 노력을 안 한다고 단정해버리는' 것이 몹시 억울하기도 했다.

중학교 졸업 작문 프로필에도 나를 '숫기 없는 아이' 라 썼는데 동급생 남자애가 "이게 정말이야?"라고 물어와 내 생각과 남이 보는 나와는 의외로 다를지 모른다는 생각도 들었다.

시설 소학교 졸업식 때 어머니와 함께

* 노력이 싫은 아이의 백일몽

실제로 나는 뭐든 열심히 하는 게 싫은 아이였고 나처럼 중증장애인의 존재조차 기본적으로 인정받지 못하는데 노력만 강요하는 건 이상한 것 아닌가, 그런 노력을 누가 하겠나, 어딘가 그렇게 생각하는 면이 있었다. 이윽고 이런 생각이 점점 깊어져 소학교 무렵부터 멍하니 공상에 빠지는 버릇이 생겼고 졸업이 다가왔을 때에는 대부분의 일상을 끊임없이 백일몽을 꾸며 지내게 되었다.

중증장애 아동은 대부분 침대 이외에는 생활공간이 없고, 일과는 모두 정해진 규칙대로 움직이는데다 직원에게 일일이 관리를 받아야 한다. 놀이라고 해봐야 친구와 잡담을 하거나 독서를 하는 정도이다. 나는 독서가 흉내를 내는 건 잘했지만 실은 전혀 책을 읽지는 않았고 책을 펼쳐 놓기만 했지 글자를 읽는 것이 답답해 이내 공상에 빠지고 마는 일상이었다. 그리고 결국엔 책읽기는 포기하고 본격적으로 백일몽에 빠져들었다.

하루 종일 아무것도 하지 않고 멍하니 있다가 무언가 해야 될 때만 잠시 공상을 멈추었고 할 일이 끝나면 또 다시 이전 부분부터 이야기를 만들어 갔다. 대부분 공상에 나오는 주인공은 날씬한 다리를 가졌고 평범한 생활을 하는 나의 분신인 소녀였는데, 그 아이에게는 입고 싶은 옷을 입히고 가고 싶은 곳에도 자유롭게 보낼 수 있었다. 그렇게 정말로 자유로이 내가 좋아하는 여자아이를 만들어 가는 시간이 즐거웠다.

고교진학을 희망한 것과 현실과의 거리를 불안해 한 이 시기에 나의 공상벽과 함께 오버랩 되는 한 가지 풍경이 있다. 매일 하교 시간인 해질 무렵이 되면 시설부지에 둘러쳐진 펜스 밖을 지나가는 여학생의 모습이었다. 나보다 몇 살 위로 보이는 그 여학생은 한적하고 그다지 사람이 다니지 않는 길을 조선학교 교복인 흰 저고리에 검은 주름치마를 입고 지나갔다.

처음 보았을 때는 내 눈을 의심했는데 그 후 매일 같이 그녀의 모습이 보이자 이건 내 눈의 착각이 아님을 확신했다. 누군가에게 부탁해 확인하고도 싶었지만 만약 입 밖으로 꺼내면 그녀의 모습이 사라져서 두 번 다시 볼 수 없게 될 것 같아 두려웠다.

치마저고리 교복을 입은 여학생은 약간 마른체형에 이마를 가린 짧은 단발머리가 목덜미 중간쯤에 가지런했고, 늘 약간 아래를 내려다보며 어딘가 애수에 젖은 듯 쓸쓸히 귀가하는 미소녀였다. 어쩐지 이 세상 사람이 아닌 것처럼 신기하고 현실감이 없는 여학생이어서 내가 공상 속에서 만들어낸 소녀처럼 느껴졌다.

앞서도 말했지만 이 여학생이 나타나기 시작한 때는 현실과 희망과의 거리 때문에 나의 공상벽이 드디어 중증이 되어간 무렵으로 매일 그녀가 펜스 너머 한적한 길을 지나는 모습을 보는 것이 유일한 낙이었다. 어쩌다 안 보이는 날엔 무슨 일일까 걱정이 되었고 그녀가 학교를 졸업하면 더 이상 보지 못할까봐 불안했다.

그 후 그녀가 실제로 그곳을 지나지 않게 되었는지 아니면 그 사이에 내가 더 이상 그녀를 신경 쓰지 않게 되고 그녀도 졸업을 한 것인지 지금으로선 기억이 나지 않는다.

과연 그녀는 정말 있었을까, 아니면 나의 백일몽이 만들어 낸 환상이었을까. 어찌되었든 그 시기 나에게는 여학생의 모습을 보는 일이 유일한 자아확인이었을 만큼 위안을 받았던 것만은 분명하다.

* 고등학교 찾기

중학교 2학년 무렵부터 실제로 내가 다닐 수 있는 고등학교를 찾기 시작했다.

먼저 중증이라도 받아줄 기숙사가 병설되어 있는 양호학교이 자 고교과정이 있는 곳을 물색했다. 입학시험 합격여부는 그 다 음 문제여서 우선 나처럼 중증이라도 시험을 치르게 해줄지가 문 제였다.

결혼 후 어머니와 함께 살고 있던 큰오빠가 이곳저곳 알아봐 준 끝에 도쿄 쿠니타치国立 시에 사는 언니 집에서 그리 멀지 않은 다치카와立川 시에 위치한 양호학교로 면접을 보러 가게 되었다. 어머니와 오빠가 나를 데리고 그 무렵 개통된 신칸센을 처음으로 타고 갔다. 내게는 태어나 처음인 가족과의 여행이기도 하고 여 행 자체가 난생 처음인 도쿄 나들이였다.

물론 이 당시엔 아직까지 휠체어를 타고 밖에 나간다는 생각은 할 수도 없어서(이것만으로도 그 시절 사회적 상식으로 그런 일이 허용되지 않 았음을 알 수 있다) 모두 오빠가 나를 안고 택시, 신칸센, 다시 택시를 타고 언니 집이 있는 쿠니타치 시까지 갔다.

언니 집에는 밤늦게 도착한 것 같다. 차 안에서 오빠의 얘기를 듣고 쿠니타치 시가 도쿄 외곽의 시골이라는 걸 알았다. 도착해 보니 언니 집은 목조 단층의 낡은 시영주택으로 작은 숲속에 있 었다. 내가 늘 동경해 왔던 자연에 둘러싸인 환경이다. 만 7살 때 부터 줄곧 시설에서 지냈으니 자연에 있는 수목이나 화초 같은 걸 본 적이 거의 없었다.

다음 날 곧바로 다치카와 시에 있는 양호학교로 면접을 보러 갔다. 이때도 마찬가지로 택시를 탔다. 학교는 당시 내가 지내던 시설과 다름없는 형태였는데, 중학교 과정에 이어 고교과정을 배울 수 있고 물리적으로는 나에게 최적의 조건이었다. 그런데 입학 담당자가 고교과정만을 위한 입학은 안 된다며 결국 받아주지 못하겠다는 말을 듣고 그대로 언니 집으로 돌아왔다.

나에게는 그보다 좋은 조건의 시설이 있을 것 같지 않았는데 거기서 받아주지 못한다면 앞으로의 상황이 불 보듯 뻔해 암담한 기분이었다. 여하튼 며칠 동안은 언니 집에서 느긋하게 지내다 가기로 했기에 다음 날도 편안히 보냈다. 날씨도 쾌청하고 포근해서 기분 좋은 날이었다. 전날 면접을 보고 돌아오는 길에 택시 안에서 본 작은 숲도 정말 좋았다.

언니 집은 오래된 일본 가옥 느낌인데 마당에 인접한 낮은 마루가 있어서 마당의 흙과 심어놓은 꽃을 가까이에서 볼 수 있었다. 마루에 앉아 쏟아지는 햇빛을 보며 이런 곳에서 느긋하게 지낼 수 있다니 꿈만 같은 행복감에 젖어 있었는데 바로 그때 이상한 환상을 보게 되었다.

문득 방 한 가운데 사각으로 거대하게 쌓아올린 나무 같은 것이 보였다. 갑자기 무턱대고 '저 위에 올라가고 싶다'는 충동이 일었는데 어느새 내가 바닥에 보기 좋게 나동그라져 있었다. 아마도 당시 나의 심리가 반영된 환상이었을 것이다.

어떤 목표(=고교 진학)에 온몸으로 도전하고 싶지만 현실에서는 아무 것도 할 수 없고 모두 거부당하는 상황만 머릿속에 가득했다. 한심스러웠다. 쌓여있던 나뭇더미에서 보기 좋게 나동그라져 있는 나. 진심으로 나는 고등학교 진학을 원하는 걸까? 실제로는 어차피 다 소용없는 일이라 포기한 건 아닐까?

그 순간 한편으로 고교 진학을 단념하고 있는 나 자신을 분명히 느꼈다. — (이때 했던 단념이 다른 학교에 대한 예비조사도 포기하게 만들었다. 내가 진심으로 고등학교 진학을 원하는지는 이 단념을 어떻게든 회복해 보려는 마음이 있느냐 없느냐에 달려 있었다)

결국 그 학교는 내가 있던 시설처럼 치료나 훈련이 목적인 의료시설이기 때문에 고교과정을 배우기 위한, 더욱이 의무교육도 아닌 고교 진학만을 위한 입학허가는 할 수 없다고 했다. 그곳으로 옮겨 조금이라도 내 상태가 나아질 수 있다면 입학허가 사유가 되겠지만 검토해 본 결과 지금 이상으로 회복된다는 것도 기대할 수 없다는 얘기였다.

* 나에게는 선거권이 없다

시설로 돌아온 후에도 오빠가 여러 학교를 알아봐주었는데 역시 상황은 좋지 않았다.

한편 시설 내에서 내가 고교 진학을 원한다는 걸 이해해준 단 한 사람이 중학교 사회과 선생님이었다. 이 선생님 수업은 상당히 재미있었고 학생을 차별하지 않는 좋은 분이었다. 다른 교사는 언어장애가 없는 아이에게만 책을 읽게 하고 상대도 해주지 않거나 노골적으로 차별하는 수업이 대부분이었다. 그런데 이 선생님은 언어장애는 심해도 좋은 대답을 하거나 모두의 탄성을 자아내게 하는 명물학생을 계속 발굴해낼 정도로 끈기 있게 학생의 이야기를 듣고 흥미를 끄는 수업을 했다.

　다만 한 가지 이 선생님의 수업에서 충격을 받은 일은 사회시간에 배운 '우리나라' 속에 나는 들어있지 않다는 사실이다. 시설 내에서 조선인으로서 내가 있을 곳이 없다는 사실이 남모르는 혼자만의 고민이었다. 선거권에 대해 배우고 그것에 흥미가 생길수록 내게는 선거권이 없다는 게 충격이었다.

　이 얘기를 좀 더 하자면 참정권에 대해 배운 것을 면회 온 어머니에게 말하자 "너한테는 선거권이 없어." 라고 했다. 나는 그때까지 당연히 모두 같은 처지라는 전제로 공부해왔기 때문에 '국민의 권리'라는 것이 나에게는 없다는 사실에 나락으로 떨어지는 느낌이었다.

　단 한 번뿐이었지만 어머니에게 "왜 나한테는 선거권이 없는 거야? 나도 선거권 갖고 싶어. 조선인은 손해야." 라며 불평을 해댔다. 당황한 어머니가 수간호사에게 "우리 애가 조선인은 싫다며 일본인이 되고 싶답니다." 라고 하소연을 했는지 며칠 후 수간호사에게 "왜 일본인이 되고 싶다고 말해 어머니를 난처하게 만드느냐"며 꾸중을 들었다. 어머니는 무슨 일이든 내가 보이는 반응에 충격을 받고 우셨다.

　하지만 나로서는 아닌 밤중에 홍두깨 같은 일이다. 딱히 조선인이 싫다고 생각지도 않았고 하물며 일본인이 되고 싶다고 한 것도 아니었다. 그런데 어머니와 어른들에겐 그런 의미로 들렸던 것이다.

　그 후로 사회수업에서 배우는 '우리나라' 속에는 내가 들어있지 않으니 의식 속에서 지우려 했고 친구들이 없는 곳에서는 선생님에게 이유를 따지기도 했다. 지금이야 선거가 뭐 그리 대수냐 싶지만 당시에는 '선거권이 없는 처지라 오히려 투표의 중요함을 알았고 선거에 무관심한 일본인이 한심스럽다'는 생각이 들어 주변에 그런 말을 하기도 했다.

실제로 선거권은 그만큼 민중들에겐 희망의 상징이 되어왔고 민중들의 염원이었음을 배운 기억은 지금도 선명하다.

그 사회과목 선생님만이 내가 고교 진학을 원한다는 걸 이해해주고 배워야 할 내용이 산처럼 쌓인 산수를 방과 후 수업으로 가르쳐주었다. 하지만 현실적으로 나를 받아 줄 고등학교를 찾는 일이 지지부진 진척되지 않다가 중학교 2학년 말이 되어서야 간신히 교토京都에 있는 무코向日 양호학교로 면접을 보러 갔다.

시설에 같이 있던 친구와 함께

* "화장실까지 갈 수 있게 되면 입학시켜 주마"

그날은 오빠와 어머니가 시설까지 택시로 와서 나를 태우고 곧장 무코 양호학교로 갔다. 이때도 마찬가지로 차 안에서 바라보는 경치가 내게는 감탄스럽기만 했다. 온통 대나무 숲 사이를 자동차가 내달렸다. 그 풍경은 이 무렵 방송된 NHK 아침연속드라마 <여로>의 첫 회에 나왔던 눈부신 대나무 숲과 똑같은 풍경이었다. 이런 곳이라면 대나무에서 태어난 미인 '카구야 히메'의 전설이 진짜가 아닐까 싶을 정도로 두껍고 곧게 뻗은 대나무 숲이 뿌연 연기를 내뿜기라도 하는 듯 어둠과 빛이 절묘하게 어우러져 그윽한 분위기를 자아냈다. 그곳에 이따금 한 줄기 밝은 빛줄기가 쏟아지는 장소가 있었다. 마치 그곳이 특별한 장소라고 가리키는 것처럼.

나는 학교 면접은 뒷전이고 그냥 거기에 내려달라고 하고 싶었다. 꿈속 같은 대나무 숲을 지나 한참을 가자 숲이 절개된 듯 보이는 곳에 목적지인 무코 양호학교가 있었다.

이곳은 당시 내가 있던 시설과는 전혀 다른 새로운 시설이어서 이곳이야말로 장애아시설이라 생각되는 곳이었다. 복도 벽 낮은 위치에는 손잡이가 될 만한 넓은 나무판이 연이어 설치되어 있고, 장애아에 대한 배려가 곳곳에 느껴져 몹시 신기해하며 견학을 했다. 그리고 드디어 훈련치료 담당자에게 내 상태를 진찰받기 위한 방으로 안내되었다. 시설에서도 자주 했는데 신체부위를 세세히 나누어 각각의 기능을 측정해 수치로 나타내는 일이다.

그 사람은 내 척추가 변형된 것을 보고 "왜 이렇게 될 때까지 놔둔 거지." 라고 중얼거렸다. '아아, 또 시작이다' 나는 속으로 생각했다. 변형이 심한 내 척추는 시설에서도 문제가 되어 한때 상자 속에 넣어 변형된 척추를 교정하자는 얘기까지 나왔다. 하지만 나는 그렇게 지내느니 차라리 굽은 채로 지내는 것이 낫다고 우겨 그 치료를 포기하게 만들었다.

그 훈련치료사의 한 마디는 전망이 없음을 암시하는 말이었다. 동시에 그 사람에게 화가 치밀었다. 마치 나라는 존재를 무시하는 무신경한 말. — '당신 손 밑에 있는 내 척추는 도대체 뭐

냐고요.'

그 사람은 계속해서 말했다. '몸에 근력이 너무 약한 걸. 여긴 기숙사생으로 지내야 하는데 의무교육은 아니라서 학교 측엔 보살펴주는 직원은 없어. 적어도 화장실에 가서 자력으로 몸을 들어 올릴 수 있어야 하는데 현재 상태로는 무리야. 혼자 힘으로 휠체어에서 변기에 옮겨 앉을 수 있도록 지금부터 3개월 간 필사적으로 훈련을 해봐라. 그럼 시험을 치지 않고 고등학교 과정으로 받아줄게.' 간단히 말해 이런 대답이었다.

고교입시 마감까지 불과 몇 개월 앞으로 닥쳐왔을 때였다. 차라리 내 몸 상태로는 기숙사 생활이 불가능하니 아예 거절하는 편이 나았다. 3개월 만에 나더러 혼자서 화장실에 갈 수 있도록 되라니, 불가능하다는 걸 뻔히 알면서 해결할 수 없는 문제를 던져놓고 자신은 기회를 준 좋은 사람이라고 말하고 싶은 게 아니고 뭐란 말인가.

최종적으로는 노력이 부족한 네 탓이라는 식으로 끝내기 위한 방편이라는 생각밖에 안 들었다.

이 말에는 어지간한 나도 상처를 받았다. 시설로 돌아온 후에도 한동안은 잠을 자는 척했지만 몹시 의기소침해 있었다. 그리고 까닭 없이 눈물이 쏟아졌다. 역시 억울했던 거다. 하지만 방에는 8명이나 같이 있으니 억울하다고 소리 내어 울 수도 없었다.

그나마 다행이었던 것은 이 학교를 방문할 때 새언니가 찬합에다 전통 한식요리까지 만들어 싸준 도시락이었는데, 한 번도 본적 없는 호화로운 도시락을 양호학교의 한적한 공간에서 먹었던 일이다. 대나무 숲과 정갈하고 맛났던 도시락만큼은 지금도 좋은 기억으로 남아있다.

이 학교의 면접을 통해 중증장애인에게 세상의 벽은 모두 장애에서 비롯된다는 것을 똑똑히 몸으로 체험했다. '혼자서 화장실에 갈수 있게 되면 시험도 치지 않고 받아준다니' 고등학교에 가는 건데 공부를 잘 하는지는 상관조차 없다는 얘기 아닌가. 점점더 공부에 대한 열의가 식어갔다. 이 일을 계기로 양호학교에 입학하는 것은 무리라는 생각을 하게 된 건 확실하다.

마침 그 무렵 나와 비슷한 정도의 장애가 있는 한 살 위 선배가그 해에 NHK 통신고교에 들어가기로 되어 있었다. 최악의 경우에 그 방법도 있었다. 하지만 나에게 고등학교란 공부를 하고 싶어서 간다기보다 친구들과 다양한 인간관계를 맺고 견문을 넓히고 싶은 것이 가장 큰 목적이었다. 내게 필요한 건 공부를 할 수있는 학교였기에 어떻게든 마지막까지 고등학교를 찾는 일만은단념하지 않았다.

이 당시 2년 전 시설에서 나가 취직을 한 경증장애가 있는 선배가 자살했다는 소문이 돌았다. '기—짱'이라 불렸던 그는 어딘가 여린 느낌에 겉보기엔 늘 외톨이 같은 괴짜였는데 얘기를 나눠보니 그렇지도 않았고 확실한 취미를 가진 사람이었다.

기—짱과의 인연이 시작된 계기는 음악이었다. 나도 소학교 4학년 무렵부터는 트랜지스터라디오를 침대 속으로 갖고 들어와팝음악을 듣느라 여념이 없었다. 소등이 된 후에는 소리를 조그맣게 줄이고 귀에 바짝 대고 들었다(나는 이어폰이란 걸 싫어했다).

팝을 좋아하게 된 건 소학교 2, 3학년 무렵에 텔레비전에서 본 '비틀즈'에 빠진 것이 계기였다. 지금 생각하면 태어나 처음으로 경험한 컬처 쇼크였다. 라디오를 갖게 된 것도 팝에 흥미를 가지기 시작한 것도 그들이 계기였던 것 같다.

당시 일본에서 열리는 비틀즈 콘서트를 텔레비전에서 중계한다는 걸 알게 되었는데 소등시간인 밤 9시부터였다. 점점 그 시간이 다가왔고 어떻게든 그 모습을 꼭 한 번 보고 싶은 마음이 간절했다. 다행히 그날 숙직담당이 비교적 얘기를 건네 볼 만한 간호사였다. 간호사 언니가 전등을 끄러 왔을 때 무작정 '제발 보게 해 달라'고 간청했다. 간호사는 문득 어이가 없었는지 "난 모르는 일이다." 하며 그냥 나갔다.

나는 하늘로 날아오를 것 같은 기분으로 그 순간 내가 있는 일본에서 공연하는 비틀즈의 연주에 빠져들었다. 얼마 후 별안간 쾅쾅쾅, 방문을 거칠게 두드리는 소리가 들리더니 고학년 오빠가 잔뜩 화가 난 얼굴로 "소등시간이 훨씬 지난 거 몰라!" 하고 고함을 질렀다. 우리는 허둥지둥 텔레비전을 끄고 불도 끄고 누웠다.

이 일이 그 후 죽고 말았던 선배와의 첫 인연이다. 그 선배는 누구보다 일찍부터 라디오를 갖고 있었다. 보장구 없이 소나무 지팡이만 짚고 휘청휘청 걷는 그의 손에는 언제나 큰 소리로 시끄럽게 팝송을 틀어놓은 라디오가 매달려 있었다.

퇴소할 무렵에는 그가 가장 나이가 많은 편이었다. 우리 저학년들에게는 좋은 의미에서 꽤 영향력이 있었다. 그런 사람이 자살을 했다. 하지만 시설 내에서 소문으로만 돌았던 그 사건을 누구도 확인할 방법이 없었고 어느 틈엔가 잊혀져 갔다.

그 무렵 나의 학교문제와 더불어 생각해 봐도 경증장애인이든 중증장애인이든 사회의 벽은 지금 이상으로 고달픈 것이었음을 느낄 수밖에 없다.

결국 나는 고등학교를 찾지 못한 채 중학교 과정을 마치고 그대로 1년 더 시설에서 지내게 되었다. 그 기간에도 앞서 말한 사회 선생님이 방과 후에 산수를 가르쳐 주었는데, 그건 어디까지나 선생님의 개인적인 호의일 뿐 양호학교 분교로 진학을 원하는 학생에 대한 대책을 마련해 볼 여지는 없는 시대였다.

1년 후 최종 타협안이었던 NHK통신고교에 가기로 결정하고 10년간의 시설생활에 작별을 고한다. 이 시설에서 보낸 10년은 나에게 있어 커다란 체험이자 그 기간을 빼고는 내 인생을 생각할 수 없다. 시설을 나온 후로도 오랫동안 여전히 시설에 있는 꿈을 꾸었다. 그만큼 내 생활체험의 바탕이 된 곳이다. 만 7살부터 17살까지, 인간의 감수성이 가장 예민한 시기를 나는 온전히 시설이라는 특수한 공간에서 보냈다.

* 통신고등학교

시설에서 나와 집으로 돌아가면 휠체어 생활을 할 수 있는 구조로 개조해 주었으면 하는 게 내 희망이었다. 그 때문에 튼튼하고 작아서 앉아 있기 편하고 목조바닥에서는 혼자서 바퀴를 굴릴 수 있는 휠체어도 구입해 두었다. 하지만 실제로는 집을 개조할 만한 돈이 없어 그저 꿈같은 이야기로 끝났고 휠체어도 새 것인 채 녹슬어 갔다.

2층에 있는 3평 남짓한 방을 비워 내가 쓸 방으로 정했다. 넓은 창과 도로를 사이에 두고 맞은편 지붕과 하늘이 잘 보이는 방이었다.

집에 돌아와서도 고등학교를 찾는 일은 계속되었다. 도쿄에 있는 코우메이光明 양호학교와 교토에 있는 요사노우미与謝野海 양호학교에 나를 받아주길 희망한다는 편지를 보내기도 했지만 역시 모두 거절당했다. 그리고 더더욱 최악의 사태가 벌어졌다.

양호학교 입학 요청이 모조리 거절당해 낙담한 가운데 이제는 마지막으로 받아줄 곳인 NHK통신고교로부터 구체적인 연락을 기다릴 수밖에 없었을 때 마침 그곳에서 전화가 왔다. 내가 받았는데 결론부터 말하면 NHK통신고교도 입학이 불가능했다.

이유는 통신교육이긴 하지만 매월 2, 3회 출석수업이 있어서 이를 위해 각지에 있는 일반학교 몇 곳을 협력학교로 정해 장소 협조를 받는데 내가 가기로 되어 있던 오사카의 협력학교가 올해부터 장애인은(한 마디로 손이 많이 가는 중증은 안 된다는 의미이겠지만) 안 받겠다고 한 것이다. NHK측에서는 하계강습이나 동계강습 형태로 도쿄에 있는 쿠니타치 본교에서 받아줄 수는 있다고 했다.

'그걸 지금 말이라고 하는 건가'

나는 도무지 믿을 수가 없었다. 마지막으로 남은 동아줄이라 생각한 학교조차 올해부터는 장애인을 안 받겠다니 이런 일이 있을 수 있는 건가. 하지만 어쨌든 거절당한 것만은 분명했다.

어찌해야 좋을지 방법을 찾을 수 없었다. 더 이상 아무것도 생각할 수 없고 아무도 도와주지 않는다. 나는 어찌해야 할까?

그러던 어느 날, 큰오빠가 신문광고를 들고 2층으로 올라왔다. 이 무렵 나고야에서 복어요리 식당을 하던 큰오빠 부부가 나를 돌봐주기 위해 가게를 접고 집에 들어와 살았는데, 2층은 어머니와 내가 쓰고 1층은 오빠네 가족이 쓰고 있었다.

이미 신학기도 시작된 5월경이었던 것 같다. 히가시오사카東大阪에 있는 긴끼대학近畿大學 부속고교의 통신학제 과정이 소개된 광고를 오빠가 찾아냈는데 자기가 한 번 상담하러 가보겠다고 했다. 거기라면 집에서도 가깝고 택시로 다녀도 교통비가 그다지 들지 않을 거라며 곧바로 학교로 찾아가 주었다.

나는 어차피 거절당하리라 생각했다. 그런데 오빠가 듣고 온 대답은 '받아주겠다'는 예상치 못한 답변이었다. 그것도 입학시험 없이 다음 출석수업부터 와도 좋다고 했다. 오빠는 서둘러 입학수속을 해주었다. 이 오빠도 2, 3년 전에 이미 돌아가셨는데 향학심에 불타는 여동생을 어떻게든 돕고 싶었다고 한다.

1971년 봄. 나는 고등학교부터는 본명으로 다니고 싶었지만 정신없는 와중에 입학한 터라 그건 이루지 못하고 말았다. 하지만 오빠가 끝까지 포기하지 않고 도와준 덕택으로 한때 단념하려 했던 고교진학을 순조롭게 할 수 있었다. 헌데 오히려 진정한 낙담은 입학한 후에 찾아왔다.

* 멀기만 한 친구들

출석수업이 있는 날에는 오빠가 나를 학교까지 데려가 끝날 때까지 계속 대기하면서 화학이나 생물수업 등 교실을 옮겨야 될 때 이동시켜 주는 형식으로 통신고등학교 생활이 시작되었다. 나는 교실 의자에 몸을 지탱하고 앉아 있는 것만으로도 벅찼기에 노트필기를 할 수 없었다. 하는 수 없이 수업을 통째로 녹음해 집에 돌아와 테이프를 들으며 노트정리를 했다. 또 입학과 더불어 고교수학을 배워야 했기에 어머니가 집으로 가정교사를 불러주었다. 맨 처음 와준 가정교사 덕분에 산수가 아닌 수학을 어느 정도 이해하게 되었고 처음으로 수학(산수도 포함해서)의 재미를 알게 되었다.

그 가정교사는 실제 나의 수준이었던 소학교 4학년 산수까지 거슬러 올라가 단원별로 필요한 내용을 정리해 알기 쉬운 자료를 만들어와 가르쳐 주었다.

나는 상당히 이론을 따지는 편이어서 그저 '이건 이렇게 되는 거야' 라는 말을 들으면 납득하지 못했다. 이때까지 배운 산수는 내 의문에 해답이 되어준 예가 없었다. 아무리 설명을 들어도 이해가 안 되었다. 그런데 이 선생님은 내가 품은 의문 하나하나에 속 시원히 답해주었다. 이렇게 가르쳐 주는 방식이 늘 필요했었는데 내가 원했던 대로 가르쳐주어 신기했다. 내가 놀라자 선생님은 자신은 머리가 좋은 게 아니고 꾸준히 노력해서 비로소 깨닫는 편이라 다른 사람이 어느 부분에서 막히는지 잘 안다고 했다. 그 말에는 나도 공감했다.

어쨌든 수학의 재미를 조금이나마 알게 된 건 나로서는 이 시기 최대의 수확이었다. 그 선생님이 아니었다면 평생 수학에 대한 후회가 남았을 것이다. 아무튼 그분 덕분에 수학의 기본적인 것은 어느 정도 이해할 수 있게 되었다.

한 달에 두 번 있는 통신학교 출석수업 때는 앉은키가 작아서 맨 앞줄에 앉았는데 다른 학생들은 앞줄에는 앉으려 하지 않고 뒤에 있는 자리를 잡았다. 고교 졸업자격을 취득하려고 오는 사람들이 많아 학교에서 하는 거라곤 수업뿐이고 학생들 사이에 교류는 전혀 없었다. 나에게 말을 거는 사람도 없고 학생들끼리 대화도 별로 없었다.

다들 자격취득만이 목표일 뿐 나처럼 인간관계를 넓혀 사회로 나가는 창을 열고 싶은 사람은 이 학교에 오지 않는다는 걸 알게 되었다. 그렇다고 내가 먼저 뒤로 돌아 모두에게 말을 걸 계기도 좀처럼 없었다. 무엇보다 나에게 '뒤를 돌아보는 행위'는 물리적으로 지극히 어려운 기술이다.

교실 내에서는 내 처지가 무국적자 같다는 생각이 들었다. 게다가 나는 공부를 위한 공부가 애초부터 싫었다. 녹음테이프를 들으며 노트정리를 하는 것도 어느덧 하지 않게 되었고, 겨우 시험 때 낙제점을 받지 않기 위한 벼락치기 공부였다.

고교 진학에 대해 품었던 기대의 안이함이 이렇게 폭로되는구나 싶었다. 나에게는 능력도 없고 노력할 생각도 없는데 열심히 통학시켜주고 있는 오빠나 나를 받아준 학교에도 미안했다. 어쨌든 고교까지는 이렇게 지낸다 해도 앞으로 대학에 가게 되면 더 이상 오빠에게 무리한 부탁을 할 수는 없었다. 그건 분명했다.

이런 생각이 들자 대학까지 바랐던 내 안이함을 자책하기 시작했다. 실체도 없으면서 거기까지 원했던 나는 결국 권위주의자일 뿐 아닌가. 대학에 가서 복지에 관한 공부를 목표로 생각하다니,

결국 같은 장애인을 내 엉덩이 밑에 깔고 엘리트라도 된 듯 높은 곳에서 복지를 논하고 싶었던 것 아니었나.

그런 생각에까지 이르자 더 이상은 손을 쓸 수 없는 절망감에 빠진 나날이었다. 고교 1학년부터 2학년까지 내가 열여덟, 아홉 때 일이다.

이렇게 되돌아보니 그때는 앞날을 생각하며 현실을 산 게 아니었다. 동시에 내가 불과 한 치 앞만 생각하는 성급한 성격이라는 것도 새삼 깨닫는다. 결국 어느 쪽도 관념적인 세계에 지나지 않지만, 이 당시엔 나의 장래가 걸린 문제였기 때문에 끝을 알 수 없을 만큼 좌절감에 휩싸였다.

돌이켜보면 나는 학교라는 곳에 사회로 통하는 창의 역할을 기대하고 그것만 확보할 수 있다면 내가 하고 싶은 일이 저절로 펼쳐질 거라 믿었다. 그런데 그 기대가 어긋나자 갑자기 벽에 부딪히고 만 것이다.

중학교 때 선생님에게 들은 "너 같은 중증이 공부는 해서 뭐해. 그보다 뜨개질이든 뭐든 배워서 다만 한 푼이라도 네 손으로 돈을 버는 게 가족을 안심시키는 길이 아니겠어." 라는 말이 다시 떠올랐다. 분명히 이대로 가다가는 나에게 남는 건 그 길밖에 없었다.

오빠의 아내가 된 새언니는 좋은 사람이라 만약 어머니가 돌아가신다 해도 오빠부부가 나를 잘 보살펴 줄 것이다. 그건 알고 있었다. 하지만 핑계밖에는 되지 않을 푼돈벌이로 가족들에게 인정받아야 한다면 그건 삶에 대한 외면이 아닐까. 그 일에 보람을 느낀다면 모르겠지만, 보살핌을 받고 있는 처지니 계속 눈치를 봐야하고 나도 이 정도는 하고 있노라 그저 알리바이를 만들 뿐인 인생. 그런 일생은 인생을 포기하라는 것이나 마찬가지였다. 아직 어린데 앞으로 긴긴 세월을 죽은 듯이 체념하고 살아가야 하다니….

그때 한 가지 광경이 떠올랐다. ―《잔물결 하나 없이 고요하지만, 탁하고 어두운 수면 위에 작은 배 하나가 떠 있었다. 드넓은 바다에 목적도 없이, 가라앉지도 않고 앞으로 나아가지도 않은 채》

나는 오싹했다. 그런 인생이라면 차라리 죽는 편이 나았다. 그리고는 죽고 싶어지면 죽을 수는 있을까 걱정되기 시작했다. 죽고 싶어지면 어떤 방법이 있을까? 손목을 긋는다 한들 내게 그만한 힘이 있을까?

거짓말로 수면제를 사다 달라고 해 한꺼번에 털어 넣는 것이 가장 쉽겠지만 그게 순조롭게 될까. 그래도 정말 죽고 싶다면 아무리 중증장애인이라 해도 목숨을 끊을 수는 있을 것이다. 문제는 그 순간 정말로 죽을 용기가 있느냐 없느냐 아닐까. ― 이렇게 머릿속에서는 점점 상황이 심각해져 갔다.

주변에서는 내가 그토록 심각해져 있다는 걸 알지 못했다. 이런 생각을 반복하다 정말로 죽는 행위까지 하고 말겠지. 실제로 내가 점점 나를 옥죄어 가고 있을 시기에 조카가 스스로 목숨을 끊었다. 도쿄에서 날아든 소식이었다.

* 죽음을 선택한 사람

1973년 2월 26일. 그날 아침 나는 꿈자리가 몹시 사나워서 일어나자마자 어머니에게 꿈 이야기를 했다. ― 형제 중 몇 째인지 모를 오빠가 죽어 어머니 방에 눕혀져 있었다. 숨이 끊어진 얼굴에 달빛이 비쳐들어 또렷이 보였다. 고개가 뒤로 젖혀져 눈은 천정을 노려보고 있고 몹시 고통스러워 보이는 섬뜩한 시신의 얼굴이었다.

잠에서 깬 후에도 어쩐지 기분 나쁜 불쾌감이 남았다. 유독 뒷맛이 꺼림칙한 꿈이 있기 마련이라 이 꿈도 심상치 않다는 느낌이 들었다.

점심때가 지나 그 꿈의 기억도 희미해졌을 무렵 전화벨이 울렸고 갑작스런 소식이 전해졌다. 조카는 중학교 3학년인 열다섯 살. 제1지망 고교 입시를 하루 앞둔 날에 조카가 사는 아파트 옥상에서 온몸에 석유를 뿌리고 불을 붙였다. 분신자살이었다.

그 해는 연쇄반응처럼 비슷한 연령의 소년, 소녀들의 자살이 잇달아 매스컴에서 화제가 된 해로 그 시작이 된 사건이었다. 그것도 분신자살이 젊은 층에선 처음이라 충격적으로 받아들여진 사건이었다. 설마 그런 일이 내 주변에서 일어날 줄이야… 누구라도 그렇게 생각했을 것이다.

나 또한 이대로 가다가는 자살 밖에는 없었다. 하지만 그럴 용기가 있는지 없는지 그것이 내 문제였다. 그래서 더욱 남의 일 같지 않은, 마치 선수를 빼앗기고 만 기분이었다. 자살한 조카는 어릴 때 나와 함께 자랐기 때문에 더욱 충격이기도 했다. 유서에는

'나도 왜 이런 짓을 하는지 알 수 없어요. 지금이 가장 행복한 때라 생각하면서도…' 라고 썼다. 그녀도 어쩌면 자신의 인생을 예측하고 말았는지도 모른다.

　같은 해 8월에 또 다시 내가 있던 시설에서 젊은 직원이 자살했다. 화상으로 한쪽 다리에 화상 후유증이 남아 다리를 약간 절며 걸었던 간호사였다. 신문을 보다가 우연히 그 기사를 보았는데 여전히 내 머릿속에 자살에 대한 가능성이 남아 있었는지 그날 일기에 이런 걸 적었다.

《…K언니(간호사)도 그렇고 T(조카)도 그렇고, 죽음을 택한 사람의 심경은 타인이 상상조차 할 수 없는 것이다. 그 정도로 인간이란 존재는 타인이 이해할 수 없는 존재일까. 아니, 자기 스스로도 깨닫지 못하는 거다. 자신도 알 수 없는 감정이 자기도 모르게 불쑥불쑥 솟구쳐 온다. 그런 감정이 어떤 이에게는 고통으로부터 도피가 되기도 하고, 어떤 사람에게는 인생에 대한 희망이 되기도 하겠지. 자신이 알 수 없는 힘이 어느 순간 그중 어느 쪽을 택할지는 모르는 일이다. 하지만 누구든 스스로도 알 수없는 자신의 모습이 있기에 그것이 희망으로 이어질 수도 있고 죽음으로 이어질 가능성도 동시에 있지 않을까. 희망으로 가는 길을 차단당했을 때 나는 죽음을 택하고 싶다.》

　이 글을 쓴 후 여기엔 엄청난 자기모순이 있음을 깨달은 기억이 있다. 지금 다시 읽어봐도 이때의 나는 결국 사는 쪽으로 의지가 넘쳤음을 알 수 있다. 하지만 사람이 양쪽의 가능성을 동시에 갖고 있다는 생각은 지금도 변함이 없다.

실제로 자살하는 사람이 죽는 것이 용기라고 생각하는지 어떤지는 모르겠지만, 그 순간에는 '이젠 죽는 수밖에 없다'고 생각하는 건 분명하다. 정말로 죽음의 신에 빙의된 것처럼 오로지 죽는 것 밖에는 생각할 수 없게 되고 점점 죽기 위한 준비에 전념하다 어느 날 갑자기 결행하고 마는 것이다.

내 조카가 그랬던 것처럼.

4장

인권운동

* 난생 처음 '김만리'가 되어

앞날을 생각하니 이젠 죽는 수밖에 없지 않나 — 그때 나는 명암을 가를 경계에 있었다. 그러던 찰나에 그다지 친하지 않았던 시설 시절의 후배로부터 갑자기 전화가 왔다. 자기들이 활동하는 그룹에 나오지 않겠느냐는 권유였다.

어릴 때부터 나는 종교 권유 따위가 몹시 싫었다. 보나마나 그런 권유이거나 아니면 복지행사에 관련된 일로 부모나 형제에게 데려다 달라는 것이려니 하고 전혀 기대하지 않았다. 그러자 그녀는 형제나 부모가 데려오는 게 아니라 참가한다면 집까지 데리러 오는 사람들이 있다는 거다. 나는 다시 "그 사람들 자원봉사자?" 하고 물었다.

실제로 그때까지 나는 자원봉사라는 게 끔찍이 싫었다. 어쩌다 시설에 찾아오는 자원봉사자들은 대체로 어린 꼬마들을 상대하고 나처럼 큰 애들 곁에는 좀처럼 다가오지 않은 채 멀리 떨어져 적당히 지내다 돌아가는 것이 고작이었다. 그런 '자원봉사자'들을 보고 있으면 단순히 자상한 행세를 하고 싶을 뿐 실상은 당사자 심정 같은 건 아랑곳없었다. 결국 자원봉사라는 것이 젊은 비장애인 남녀가 애인을 발굴하는 장소의 하나일 뿐이라는 생각을 씻을 수 없었다.

그런데 돌아온 그녀의 대답이 의외였다. "자원봉사자와는 다르다니까." 자원봉사자가 아니면 뭐냐고 물으니 "친구관계야."

부모도 아니고 형제도 아니고 자원봉사자도 아닌 친구관계— 그런 게 정말 있을까. 놀라움과 더불어 혹시 그곳에 지금 내 상황을 풀어낼 실마리가 있을지도 모른다는 직감이 들었다. 아무튼 그때 나는 지푸라기라도 붙잡고 싶은 심정이랄까, 사막에서 물을 찾는 심정이었다.

곧바로 가보겠다고 대답했다. 그리고 내가 먼저 담당 사무소에 전화를 걸었다. 처음으로 본명인 '김만리'라는 이름으로.

그날부터 나는 염원했던 '김만리'가 되었다. 그해 연하장을 보낼 때부터 시설에 있던 시절의 친구에게도 내 본명을 밝히고 앞으로는 본명을 쓰겠다고 알렸다. 통신학교에서만 '하라다原田'라는 일본이름을 썼다.

첫 번째 모임에는 시설 시절부터 진정한 친구라 여긴 친구에게 모처럼 만날 기회이니 보자고 해 그녀도 함께 가기로 했다. 1973년 8월 무렵이다.

당시에는 장애인 한 사람당 활동보조인 한 명을 붙일 여유가 없어 비장애인이 몇 대의 자동차로 같은 지역에 사는 장애인 집을 전부 돌며 데리러 오는 방식이었기 때문에 그 친구와는 모임 자리에서 만났을 뿐 제대로 대화를 하지도 못했다.

우리 집에는 승합차가 왔는데, 아직 더 가야 하나? 싶을 정도로 여기저기를 돌며 차례로 사람들을 태웠다. 이윽고 도착한 곳은 히노데日之出 청소년회관 로비였다.

첫 모임은 로비에 있는 대기실에서 천천히 시작되었다. 생소한 나로서는 이 모임의 진행방식도 어리둥절하기만 했다. 어떤 모임인지 일절 설명도 없는데다 우리를 데리러 왔던 비장애인들은 멀찍이 떨어져 어색하게 오갔고, 누군지 알 수 없는 소수의 비장애인이 드나들 뿐이었다.

그런데 나를 더욱 놀라게 한 것은 함께 온 장애인들만으로 회의가 시작된 일이었다. 주로 얘기하는 여성이 어쩐지 리더인 것 같았는데, 걸을 수 있는 CP(뇌성마비)인 A씨가 심한 언어장애에도 불구하고 굉장한 기세로 모두를 설득하며 회의를 이끌어 나갔다. 논의하고 있는 안건이 어떤 내용인지 나로서는 전혀 알 수 없는 것이었지만 그녀의 설득력, 교묘한 화술에는 감탄하고 말았다. 그 때문에 뭐가 뭔지도 모른 채 다음 모임에도 참가하기로 했다.

그곳은 <그룹 리본>이라는 장애인조직이었는데, 나중에 일본에서 장애인운동의 선구적 역할을 하게 되는 <푸른 잔디회青い芝の会>(이곳은 CP장애인이 중심이었다)를 간사이関西 지역에서 발족시키기 위한 준비조직이었다. 그런데 실제로는 <푸른 잔디회>가 결성된 후에도 초보단계의 입문조직 역할도 병행했다.

그룹 리본(이하 리본)의 신조는 '산들바람처럼 거리로 나가자'이다. 그 당시까지 집이나 시설에 갇힌 상태에 있던 장애인들이 밖으로 나가서 뭐든지 자신의 눈으로 확인해보자는 것이 설립취지다. 그리고 리본과 푸른 잔디회를 돕는 조직이 <그룹 고릴라>다. 이 그룹은 힘은 빌려주지만 머리는 빌려주지 않는다는 입장으로, 장애인의 주체적인 자립해방운동을 지원하는 조직이다. 이렇게 장애인운동은 세 개 조직의 연대로 이루어져 있었다.

게다가 나는 두 번째 회의에서 리본의 부회장이 되었다(선택된 것 같다). '자살하고 싶다'는 생각과 더불어 이 시기는 나에게 격동기여서 그다지 기억하고 있진 않지만 당시에 쓴 일기에 적은 글이 있다. 아직 이 단체의 활동내용도 잘 모르면서 누군가의 추천을 받아(아마 리더인 A씨가 추천했을 것이다) 부회장이 되어버린 당황스러움과 이왕 맡은 이상 역할을 다하겠다는 결의가 쓰여 있다.

그 후 얼마 지나지 않아 혼자 모금활동까지 맡게 되었다. '가두 모금활동'은 상당히 영향력 있는 활동이었는데, 거리에서 장애인을 접하는 일이 아직은 드물었던 때라 일반시민들이 갑자기 길거리에서 기부를 호소하는 휠체어를 탄 장애인 무리와 마주쳐도 그다지 크게 동요하는 경우는 없었다.

그런데 장애인을 구경거리로 삼았다느니 과격하다느니 급진조직이라며 이 운동에 대한 세간의 평판은 반발에 가득 찬 것들이었다. 그래도 어머니는 '모금활동'에 나간다는 나를 반대하지도 않았고 오히려 "그건 좋은 일이다. 잘 다녀오라."고 하셨다.

어쨌든 나는 자세히 알지도 못하면서 엄청난 기세로 진행되어 간 운동에 물을 만난 물고기마냥 빠져 들어갔다. 마치 흡묵지가 물을 빨아들이는 기세로 이런 운동을 체득해가는 걸 스스로도 느낄 정도였다.

* '푸른 잔디' 운동

이 운동은 그동안 내가 시설과 고등학교를 찾아다니며 느껴온 의문을 한꺼번에 풀어주었다. 그뿐만이 아니라 내가 해결하지 못하고 있던 문제가 내 탓이 아니라 사회적 문제라는 새로운 돌파구를 제공해 주었다.

나는 푸른 잔디회를 만든 이들이 쓴 책을 탐독했다. 특히 나에게 인상 깊었던 것은 푸른 잔디회에 많은 영향을 끼친 공동체인 <마하라바 마을>의 발생과 붕괴를 다룬 『ころび草(쓰러진 풀, 요코타 히로시 1975)』과 자신의 장애아를 살해한 생모의 형량을 낮추기 위해 주민들이 벌인 감형운동을 강하게 반대한 운동에 대해 쓴 『母よ、殺すな(어머니, 죽이지 마요, 요코즈카 코우이치 1975)』이다.

결국 생모의 감형을 인정하는 건 장애아는 살해하더라도 어쩔 수 없다는 사고방식으로 이어진다. 건강하고 우수한 자손만 남기자는, 바꿔 말하면 장애아처럼 문제가 있는 아이는 가능한 낳지 않게 하자는 사고방식을 우생사상(優生思想)이라 하는데, 여기에 철저히 반대하는 것이 푸른 잔디 운동의 근간이었다.

<푸른 잔디회>는 첫 모임 때 리더를 맡았던 A씨처럼 CP(뇌성마비) 장애인들이 만든 단체로 간토關東 지역이 발상지다. 창설된 과정을 자세히는 모르지만 듣자하니 이미 고인이 된 승려 오사라기 아키라大仏晃가 자신의 절을 개방해 장애인공동체인 '마하라바 마을'을 만들고 함께 생활하며 설법을 폈다고 한다. 그것이 푸른 잔디의 중심이 된 젊은이들에게 영향을 주었고 푸른 잔디회의 사상적 기반이 되어간 듯하다.

이 부분은 『쓰러진 풀』에 상세히 나오는데 내가 기억하는 범위에서 그들의 사고방식을 소개하면,

《인간이 유인원으로부터 진화하는데 직립보행이 필연이었던

것처럼 CP(뇌성마비)도 인류의 필연이었다. 왜냐하면 대부분의 뇌성마비는 난산, 조산의 형태로 태아에게 과도한 부담이 원인이 된 경우가 많다.

인간이 직립보행을 시작하면서 사지로 몸을 지탱하던 때와는 달리 임신하고 있는 배가 아래로 쏠리는 형태가 되었고, 그 결과 태아에게 무리한 중력이 작용하게 되었다. 그것이 난산, 조산의 가능성을 현격히 높이게 된 것이다.

인간이 인간이 되기 위해 직립보행이 필요했던 것과 마찬가지로 난산, 조산도 필연이 될 수밖에 없었다. 때문에 인류에게는 장애인을 받아들여야 할 의무가 있다.》

이런 논리가 초반부터 전개된다. 한편 승려 오사라기는 '너희 같은 CP들이 온전히 인간으로 취급받으리라 생각지 마라. 행여나 너희 같은 CP를 일반 비장애인이 진심으로 보살필 것이라 믿지 말라'며 CP장애인들을 모아놓고 설법을 편 별종난 승려였다고 한다. 이 사고방식이 결과적으로 후에 푸른 잔디회의 행동강령이 된 것이 아닌가 생각한다.

그 행동강령 또한 강렬한 내용이라 여기 적어 본다.

하나. 우리들은 스스로가 CP라는 것을 자각한다

하나. 우리들은 강렬한 자기주장을 실천한다

하나. 우리들은 비장애인 문명을 부정한다

하나. 우리들은 사랑과 정의를 부정한다

하나. 우리들은 문제해결의 길을 선택하지 않는다

이처럼 비장애인이 보면 놀랄만한 문구도 나열되어 있는데, 푸른 잔디가 어떤 조직이었는가는 이 다섯 가지 강령이 모두 말해준다. 시설에서 자라며 다양한 일들을 보고 겪어 온 나는 그들이 말하려는 것이 무엇인지 너무 분명히 느껴졌다. 이론이 아니라 감각·실감으로 이 행동강령이 진심으로 마음에 들었던 거다.

이유는 알 수 없지만 통쾌함이 있었다. 나도 장애아시설을 경험하면서 위안이 되거나 다행이라 생각했던 예는 없었다. 그런 내 마음속에 이 행동강령이 깊숙이 파고들었다.

모든 위안은 목숨을 재촉할 뿐이다, 표면에 드러난 것을 보지 말고 그 내면을 파악하라, 현실 그대로 먼저 자신을 직시하라는 이 행동강령은 사랑과 정의까지도 부정한다며 대중들에게 상당한 반감을 불러일으켰다.

하지만 나는 애초에 사랑이니 정의 같은 건 믿지 않았다. 내가 지냈던 시설은 그런 것과는 무연의 세계였고, 무엇보다 이 사랑과 정의라는 것이 언어만으로 사람을 몰아 부치는 쓸모없는 대용품일 뿐이었다.

이렇게 CP장애인 해방을 주창한 <푸른 잔디회>는 그동안 비장애인이 이끌어온 '장애인 복지'나 '장애인을 위해서'라는 기존의 운동과는 일선을 그은 것으로 CP에 의한 CP 자신들의 운동이었다.

왜 CP만으로 국한했을까?

'비장애인 중심의 문명'이라는 표현보다 그 속도, 리듬, 인간의 골수까지 스며들어 있는 — 사람은 당연히 비장애인이어야 마땅하다는 사회의 대전제 — 이 전제는 단순히 '문화'라는 단어로 느꺼지기보다 훨씬 더 압도적이며 CP장애인들에게는 속절없이 밀려드는 파도와 같다. CP장애인들은 비장애인 중심의 문명사회로부터 모든 면에서 극과 극이라 할 정도로 먼 곳에 있다. 그 격차를 CP장애인들은 분명히 느낀다. 때문에 심한 배척도 당한다.

CP가 언어장애를 동반한다는 사실도 중요하다. 이 문명사회라는 곳은 기본적으로 언어에 의존하고 있다. 인간으로서의 가치판단 가운데 제대로 말을 할 수 있다는 것은 절대적이다. 그것이 좀 더 나아가 '얼마나 논리적'이냐는 관점에서 그 사람의 수준을 평가하는 척도가 된다. 때문에 언어에 장애가 있는 혹은 언어로 커뮤니케이션이 불가능하면 곧바로 의사소통 자체가 불가능하다고 판단해버려 상대를 무시하는 행동에 나선다.

당시 장애인을 둘러싼 상황은 내가 시설에서 지냈던 시절이나 고등학교를 찾아다닌 과정만 떠올려 봐도 역시 지금과는 비교하지 못할 만큼 심각했다. 시설을 충실히 운영하는 것만이 장애인복지라 여기는 시설 수용정책 일변도라서 장애인이 거리에 나간다는 건 생각할 수조차 없던 시대에, 수용을 당하는 쪽 특히 비장애인과 매우 동떨어진 CP들이 전면적으로 장애인임을 긍정선언하는 운동을 펼친 것이 나 같은 장애인들에게 얼마나 큰 위안이 되었던가.

장애인으로서 내가 풀지 못한 상황은 그대로 장애인 전체의 상황이었다. 나는 때마침 말 그대로 불타오르려는 운동의 조짐을 만나고 함께 성장하게 된다. 그리고 푸른 잔디회 장애인들의 활발한 자기주장은 비장애인이 중심인 문명의 가치전환을 촉구하는 운동으로서 강렬한 센세이션을 불러일으키게 된다.

그 속에서 나는 CP는 아니었지만 장애가 중증이라는 것과 그들처럼 현실을 직시하는 눈을 키워왔던 입장으로서 CP이상의 활동가가 되어갔다.

* 시위 참석이냐, 출석 수업이냐

어떤 일보다 내게는 활동이 중요했지만 일단 이 시기는 고등학교가 우선이고 운동은 어디까지나 학생의 입장에서 하는 거라 생각했다. 하지만 그런 생각도 불과 두 세 달 만에 깨지고 만다.

때마침 후생성(후생노동성의 전신으로 한국의 보건복지부에 해당. 2001년 노동성과 통합해 사회복지와 고용노동 환경 등을 관장하는 행정기관_옮긴이 주)의 우생보호법優生保護法 개정, 우리 쪽에서 보면 '개악'인 문제가 불거졌다.

내가 활동을 시작하고 얼마 되지 않은 1973년 11월 무렵이다. 푸른 잔디회가 주최한 우생보호법 개악 저지 시위가 오사카에서 예정되어 있었다. 그날은 출석수업이 있는 날이었기에 나는 당연히 시위에는 참가하지 않기로 마음먹고 있었다. 그런데 예정일을 며칠 앞두고 사무소에서 전화가 왔다. '개악 저지 시위에 나오지 않겠다니 무슨 소리냐. 학교와 이 시위의 의미를 저울질 해보면 잘 알 것 아니냐.'

나는 곤혹스러웠다. 아픈 곳을 찔린 기분이어서 그 말은 인정할 수밖에 없었다. 고육지책으로 학교에 갈 때는 집에서 도움을 받고, 학교로는 고릴라 활동가에게 데리러 와 달라 부탁하기로 했다. 말하자면 학교를 조퇴하는 것이다. 게다가 가족들에게는 비밀이었다. 이 일로 내가 완전히 운동 속으로 깊이 들어가고 있다는 걸 느끼기 시작했다.

우생보호법이란 명칭 그대로 우량한 자손을 남기기 위한 법률이다. 유전적으로 불량이라 판단되면 낙태(임신중절)를 해도 된다고 법률이 인정한 것이다. 이유는 알 수 없지만 일본에는 낙태죄라는 죄목이 있어 임신한 경우 특별한 사유가 없는 한 출산해야 하며 우생보호법이 정한 기준 이외의 이유로 낙태를 하면 죄가 된다.

말하자면 이 우생보호법은 '우량한 자손'을 번영시키기 위해 국가의 이익에 비추어 불량한 자손과 우량한 자손으로 분류, 유전자 단계에서 국가가 관리하겠다는 것이다. 실제로 법률의 목적에도 명확히 '불량한 자손의 출생을 방지'하기 위함이라고 명시되어 있다.(최근에야 겨우 이 법률도 재검토를 시작한 듯 법률의 목적에서 '불량한 자손의 출생을 방지 한다'는 표현을 삭제하고, 우생사상 부분도 없애고, 법률의 명칭 자체도 <모체보호법*>으로 고치자는 개정안이 여당 측에서 나왔다고 한다)

*모체보호법(母體保護法) : 1996년 6월 개정된 법률 발효. 당시 종교단체 등에서는 낙태 자체를 반대했고, 일본의사회는 장애가 있는 태아의 중절수술 합법화를 주장했다. '푸른 잔디회'를 비롯한 장애인단체는 의료기술로 장애가 확인된 태아의 중절을 합법화하는 법 개정에 강하게 반발해 개정안이 채택되기까지 여러 차례 법안 발의와 폐기가 반복되었다. (옮긴이 주)

이 당시 '우생보호법 개악'은 임신중절이 가능한 사유로 인정한 <경제적 이유> 항목을 삭제(현재 일본에서 이뤄지는 임신중절의 대부분은 법률적으로 이 항목을 근거로 한다)했고, 중절이 인정되는 이유로는 '태아가 정신 또는 신체에 중증장애의 원인이 될 질병 및 결함을 갖고 있을 우려가 현저한' 경우라는 항목을 새로 추가한 것이었다.

낙태죄와 우생보호법 — 임신한 태아는 기본적으로 모두 출산해야 하고 사람을 우량, 불량으로 분류하는 행위는 일본의 부국강병 시대의 잔흔이다. 지금은 그런 시대는 아니지만 그럼에도 분명한 건 '불량한 자손'이라 법률이 낙태를 허용하는 태아나 유전자, 그것은 결국 사회에 도움이 안 된다고 여기는 장애인의 목숨이다.

'장애인은 불쌍하잖아요. 장애인은 태어나지 않는 편이 행복하겠죠?' 라고 별안간 누군가 물어오면 누구라도 망설임 없이 '그렇다'고 답한다.

내가 어렸을 때 "걷고 싶지? 걸었으면 좋겠지?" 라는 물음에 내 본심을 곰곰이 생각해 볼 틈도 없이 조건반사적으로 '응'하고 대답할 수밖에 없었던 것처럼 '이건 상식이다' '사회의 통념'이라며 몰아가는 상황에 사람들은 무방비로 노출되어 있다. 그걸 깨닫고 분노를 갖게 된 것이 내 삶에서 큰 힘이 되었다.

이 반대시위에서 한 장애인이 '다시 태어난다 해도 나는 장애인이 좋다'고 한 말에 눈이 번쩍 뜨이는 감동을 느꼈다. 시위는 나에게 커다란 전기가 된 사건이었다.

그 해였던가, 이듬해 초였을까, 아무튼 추운 겨울이었다. 도쿄에 있는 후생성 앞에서 연좌시위를 하기 위해 전국 푸른 잔디회 행동에 참가했다. 크게 반대할 것을 각오하고 어머니에게 우생보호법을 설명한 뒤 연좌시위에 가겠다고 하자 의외로 흔쾌히 허락해 주었다.

늦은 밤 오사카에서 차를 나눠 타고 밤새도록 달려 도쿄에 도착한 후 곧바로 후생성으로 갔다. 아마 그날이었던 것 같은데 후생성 측과 교섭이 시작되었고 밤이 되자 건물 로비에서 자게 되었다. 하룻밤만 지낸 걸로 기억하는데 확실하진 않다. 다음날은 결기집회. 나로서는 모든 것이 처음 있는 일로 아무것도 모르면서 마냥 즐거웠다.

이날 전국 푸른 잔디회 회장인 요코스카 코우이치(『어머니! 죽이지 마요』의 저자. 고인) 씨에게 이전부터 궁금했던 질문을 던졌다. '푸른 잔디회는 왜 CP장애인만으로 한정되어 있나?'

처음 만나는 요코스카 씨는 나보다 꽤 연배가 있는 이론가이자 인격 있는 분이었다. 당시 행정당국과의 모든 교섭을 도맡았던 사람이었기에 나는 몹시 긴장하며 그분의 대답을 듣고 싶었다.

'CP는 아니지만 나 같은 중증장애인은 CP와 마찬가지로 사회적 박해를 받고 있는데, 푸른 잔디가 CP이외에 장애인은 받아주지 않는 건 그 또한 차별 아닙니까?'

젊은 패기로 솔직하고 호기롭게 던진 질문이었다. 그때 요코스카 씨에게 어떤 대답을 들었는지는 잊었지만 그날 이후로 나는 찬조회원 비슷한 자격으로 푸른 잔디회에도 참여하게 된다. 그런데 이 자격

후생성 연좌집회 당시 요코스카 씨(우)와 함께. 중앙이 저자

문제가 나중에까지 계속 분쟁거리가 되어 따라다녔다.

푸른 잔디회도, 내가 속해 있던 그룹리본도, 장애인의 주체적 활동이 기본이었다. 때문에 장애인만으로 회의를 했고, 장애인의 속도와 장애인의 머리로 생각한 것만을 운동으로 실행시켰다. 이건 아직까지도 굉장히 새롭고 획기적인 일이라 생각한다.

왜 장애인이 주체가 되는 것이 중요한가. 장애인은 중증으로 진행될수록 사회적 책임의 범위에서 제외되어 평생 부모의 부양을 받으며 지내야 한다고 여겨왔다. 그러니 장애인은 아무리 나이가 들어도 어린아이처럼 다룬다.

그것이 장애인의 내면에도 영향을 주어(이때는 나도 같은 생각이었지만), 활동보조가 반드시 필요한 경우도 있기에 무의식중에 주위에 있는 비장애인의 안색을 살피며 발언을 한다거나 좀처럼 본심을 말하지 않는 경우가 있었다. 때문에 나를 포함한 그 무렵의 장애인들은 이 운동을 통해 처음으로 자신의 주체성이나 장애인으로서 자각을 키워간 것 같다.

이렇게 되면 자연스레 다음 단계는 부모로부터 자립하는 문제가 불거진다.

* 그럼, 내가 나갈게

장애인은 대체로 비장애인 가족들 속에 자신만 장애인인 경우가 많다. 그리고 부모형제는 좋든 싫든 가족 중에 장애인이 있는 것에 '책임'을 느끼고 과다한 걱정 끝에 혹은 '피붙이의 수치'라는 생각에 집안에만 끌어안고 있게 된다.

　지금은 많이 달라졌지만 특히 그 무렵엔 이웃들에게 폐가 되고 친척들에게 폐가 되는 장애인을 집에서 한 발자국도 내보내지 않고 그저 존재를 숨기기에 급급한 가정이 많았다. 이 경우 당사자에게 가장 큰 차별을 가하는 이는 부모이다.

　장애인의 자립해방운동 가운데 가장 획기적이었던 것은 공공연하게 부모로부터 자립을 주장한 것이다. 부모로부터 정신적인 자립, 조금 더 나아가 실제로 부모 집에서 나와 자립생활에 들어가는 일은 해방운동을 하고 있는 이로서는 피해 지나갈 수 없는 길이었다.

　이런 측면에서 푸른 잔디회가 '장애인은 부모로부터 벗어나 집에서 나오자'는 자립권유를 했기 때문에 장애인 부모들의 모임이 보기엔 불온한 사상을 퍼트리는 요주의 단체였다.

　내 어머니도 초기엔 나를 어디에도 데려가주지 못하는 미안함 때문에 부모 대신 밖으로 데리고 나가 줄 수 있으니 고마운 일이라며 모임활동에 나가는 걸 장려했지만, 내가 조직 활동에 참여하는 것이 어설픈 행동이 아니며 회의 때문에 연일 밤늦게 귀가하거나 나날이 활동이 과격해지자 차츰 그런 곳에는 가지 말라고 했다. 운동에 참여해 1년 정도 지났을 무렵, 내가 스무 살이 되었을 때 이 문제가 갑자기 터져 나왔다. 모처럼 집에 있는 날 어머니가 문득 나에게 이런 말을 던지셨다.

　"요즘엔 아무렇지 않게 밤에도 늦게 들어오고, 거기에 나가기 시작하면서 네가 아주 건방져졌어. 그렇게 운동이 좋으면 그 모임에서 널 돌봐달라고 하든가 모임을 그만두든가 둘 중 하나를 택해."

나는 그 자리에서 "그럼, 내가 나갈게." 하고 선뜻 답했다. 어머니는 그저 겁을 주려고 꺼낸 말이었다. 하지만 이 무렵 내 안에는 운동에 대한 생각이 깊어진 것과 집에 돌아오면 손 하나 까딱 않고 가족들의 보살핌을 받으며 여전히 통신학교에 다니고 있는 현실 사이에 모순이 점점 커져가고 있었다.

'내가 고등학교에 다니는 건 장애인 가운데 엘리트가 되고 싶은 형편없는 야심에 불과한 것 아닐까'

운동을 만나기 전에 낙담의 중핵을 차지했던 나에 대한 이 물음은 운동을 만나고도 불식되지 않고 오히려 더 강해져 있었다. 여전히 출석수업에는 오빠가 나를 데리고 다녀주었고, 가족의 희생에 대한 미안함도 한 몫을 해 오히려 나한테 고등학교는 '가족에게 폐를 끼치는' 의미 밖에는 남지 않았다.

또 운동에 참여하면 할수록 밖에서는 '장애인 해방을 외치고 있는 나'와 집에 돌아와서는 '모든 것을 가족에게 맡기고 기대는 나'에게 모순이 느껴졌다. 마음속으로는 '장애인운동을 주창하려면 이대로 안온하게 가족들의 비호에 만족하며 지낼 순 없어, 진정한 운동이라 말하려면 모든 일상을 내가 책임지고 해야 해. 쓰레기를 내놓는 일이나 무엇을 먹을까 정하는 것도 내가 결정하는 진짜 나의 생활. 그렇다면 언젠가 자립하는 걸 고민하지 않으면 안 되겠지' 라고 생각했다.

그러던 찰나에 나온 어머니의 말. 나는 드디어 올 것이 왔다는 듯 곧바로 사무소에 전화를 걸었다. "어머니가 운동을 그만 두든가 집을 나가든가 둘 중 하나를 택하라고 하는데 저는 자립하고 싶어요." 젊고 혈기왕성했으니 무슨 말을 못했으랴. 지금 생각해

보면 등줄기가 오싹해지는 일이지만 이것은 1년에 걸친 자립 소동극의 시작에 불과했다.

아니나 다를까 '지금 당장은 무리다. 어머니와 충분히 의논하고 결정하라'는 사무소의 단호함에 본론은 꺼내보지도 못했다.

굽힐 수 없었던 나는 전화를 끊고 나서 "그럼, 집에 일찍 들어오면 되잖아."라고 어머니에게 말대꾸를 했다. 어릴 적부터 어머니와 떨어져 자라선지 아니면 부모는 공경해야 할 대상이라는 유교사상의 영향인지 내게는 반항기라는 시기가 없었다. 그런 내가 처음으로 어머니에게 반발한 것이다.

어머니는 설마 내 입에서 "그럼, 내가 나갈게" 라는 말이 튀어나오리라고는 꿈에도 생각하지 못했을 터이다. 내말에 충격을 받으셨는지 그 뒤로는 가출할 마음을 접었는지 묻지도 않고 한동안 망연히 등을 돌린 채 나를 상대하지 않았다. 그런 어머니의 뒷모습이 너무 작고 초라해 보여서 '어쩌면 나는 그 한마디로 어머니를 초월했는지도 모른다'고 느꼈다.

그 일이 있은 후 당장은 어머니가 수그러들었지만 일단 운동에 대한 악감정을 품은 이상 또 다시 나를 막으려 들 것이라 생각했다. 그래서 곧바로 내가 자립하는 문제를 조직에 말하고 모두에게 함께 고민해 줄 것을 요청한 결과 조직도 내 제안을 받아들이기로 했다.

이렇게 해서 '김만리 자립연락협의회'(줄여서 '김연협')를 만들기로 했고, 각각의 업무 담당자와 내가 역할을 분담해 자립을 구체화시켜 가기로 했다. 어쨌든 내 업무는 일단 어머니를 설득하는 일이었다. 집에서 나오려면 어머니의 승낙을 얻어야만 했다.

자립하고 싶다는 내 주장에 어머니는 이렇게 말했다.

"장애인을 돌보는 일은 부모형제에게도 힘든 일이야. 헌데 넌 큰오빠 부부가 보살펴 준다고 했으니 장래가 평안할 텐데 마다할 이유가 뭐가 있냐." 그 말에 나는 "집에 장애인이 있으니 가족이 보살펴줘야 한다는 건 고정관념에 지나지 않아, 그러면 장애인은 끝까지 돌봐줘야 할 어린애 취급을 하게 돼. 한 사람이 계속 희생해서 돌보는 것이 아니라 장애인이 살아가는데 다양한 사람들이 함께 해야 마땅한 거야. 장애인 자신이 삶의 주체가 되어서 주변에 요청해 도와 줄 사람을 모아야지." 라고 대꾸했고, 어머니는 "남한테 너를 맡기고 어디까지 믿을 수 있겠냐, 가장 믿을 수 없는 게 남이야!" 라고 하셨다.

어머니의 말은 부모 입장에서 진심이었을 것이다.

* 부엌칼을 치켜든 어머니

그 후 반년 쯤 지나 이제 슬슬 무언가 일을 벌여야 하지 않을까…하는 조급함이 나에게도 주위에서도 나오기 시작한 어느 날. 나는 어머니와 다시 한 번 부딪힐 기회를 만들기로 했다.

일부러 집에 도착하는 시간을 늦추려고 밤 12시가 가까워지도록 식당에서 버티다가 조심조심 집으로 돌아왔다. 같이 있던 고릴라 활동가에게는 나를 집 안으로 들여보내 준 뒤 곧바로 돌아가라고 부탁하고 그때까지 함께 있었다.

어머니와 내가 지내는 2층에는 불이 꺼져 캄캄했는데 이미 다들 잠든 시간에 뭘 하려고 들어왔느냐는 듯 말 그대로 폭풍전야처럼 고요했다. 약속한 대로 고릴라는 나를 2층 거실까지만 데려다주고 서둘러 돌아갔다. 그러자 기다렸다는 듯 어머니의 방 미닫이문이 벌컥 열리더니 어머니가 뛰쳐나왔다.

일단 어머니는 몹시 화가 난 상태였고, 나는 예상했던 일이라 오히려 담담했다. 조선의 부모들은 이럴 때 날붙이를 집어 들고 '네가 죽든지 내가 죽든지 결판을 내자'며 날뛰는 일도 있다는 얘기 듣긴 했지만, 내 어머니도 예외 없이 식칼을 집어 들고 똑같은 대사를 조선말로 퍼부었다.

나는 이때도 전혀 무섭지 않았다. 날붙이를 집어 든다 한들 내가 도망을 칠 수도 없으니 어머니 뜻대로 맡길 수밖에. 정말로 죽일 만큼 미우면 이렇게까지 해서 가출을 막지 않아도 될 텐데, 진심으로 나를 아끼고 사랑하기 때문에 나오는 행동임을 알고 있었다. '정말로 죽이지는 않겠지' 그렇게 믿었다. 그러자 어머니가 치켜든 칼도 갈 곳을 잃고 제자리로 돌아갔다.

결국 어머니는 내게 두 손 들었다. "그렇게 말해도 못 알아듣는 거냐!" 소리치며 등짝을 팡팡 때리시더니 "너 같은 건 필요 없으니 나가버려. 2층에서 내던져 주마." 하고는 내 머리통을 붙들고 계단 쪽으로 끌고 가려고 했다.

사실 내 등을 때리는 어머니 손에 힘이 들어가 있지 않은 걸 느꼈고, 질질 끌려가면서도 '이렇게까지 해서 자식의 앞길을 막으려는 이 사람이 참 가엾다'는 생각이 어렴풋이 들기도 했다.

어머니는 도무지 대답을 하지 않는 내게 진이 빠졌는지 나를 놓아주고는 "이젠 네 일은 모른다! 알아서 자." 하고 쏘아붙인 뒤 자기 방으로 들어가 버렸다.

잠시 후 아래층에서 새언니가 올라와 "이럴 땐 누가 끼어들면 오히려 진정이 안 되는 법이라 올라오지 않았어." 하며 잠자리를 봐주었다. 나와 새언니는 굉장히 죽이 잘 맞아서 곤란한 일이 생길 때는 친구처럼 이런 저런 의논도 하고 함께 문제를 해결해 왔다. 오빠와 결혼이 정해졌을 때부터 면회를 오거나 어머니가 안 계실 때 나를 시설에서 데리고 와 집에서 재우는 등 나를 돌봐주겠다 결심하고 시집을 온 사람이다.

다음 날 나는 오빠에게 내가 살아갈 길을 찾기 위해서라도 함께 운동하는 동료들과 장애인으로서 자립생활을 하고 싶으니 오빠도 내가 자립하는 걸 허락해 주면 좋겠다는 말을 꺼냈다. 오빠도 기본적으로는 네가 살아갈 인생이니 집을 나가는 걸 반대할 수는 없다며 스스로 많이 고민해 결정한 일이라면 어쩔 수 없는 일 아니냐며 이해해 주었다. 나중에 어머니를 다시 한 번 설득하는 일도 전날 밤 벌어진 사건 때문에 일단 집을 나가는 방향으로 결론이 날 것 같았다.

그런데 이것이 어디서부터 틀어졌는지 우연히 학교 얘기가 나와서 "물론 고등학교는 그만 둘 생각이야." 라고 말한 것 때문에 어머니가 다시 발끈했고, 외출을 도와줄 고릴라가 나를 데리러 왔는데도 쫓아버리고 그대로 가택연금 상태가 되고 말았다.

나는 곤혹스러웠다. 어머니가 보인 노여움은 상상 이상이어서 유일한 연락수단이었던 전화선을 끊어버리지 않나, 노트에 뭔가 적고 있으면 "어디에다 편지를 보낼 셈이냐."며 노트를 쫙쫙 찢어버리시질 않나 도무지 손을 쓸 수 없는 상태였다.

그런 상태로 며칠쯤 지나자 나는 어머니가 안 계신 틈을 타 사무소 앞으로 편지를 써서 새언니에게 우체통에 넣어달라고 부탁했다. 그 편지는 '이 상황에서 벗어나기 위해 나를 구출하러 와 달라. 어머니가 매일 병원에 치료를 받으러 가니까 나가시면 내 쪽에서 신호를 하겠다. 그 틈에 집에 들어와서 나를 데려가 달라. 신호는 베란다 창에 있는 ××색 화분을 오른쪽에서 왼쪽으로 옮겨 놓는 것으로 하겠다.' 이런 내용이었다.

이젠 지푸라기라도 붙잡고 싶은 심정으로 이것 밖에는 방법이 없다는 고육지책이었다. 나는 이 작전이 반드시 성공하리라 믿어 의심치 않았다.

편지도 슬슬 도착했을 테니 계획을 실행에 옮겨야겠다고 생각했을 무렵 아래층 현관에서 우르르 사람들 인기척이 났다. 무슨 일인가 했는데 평소 함께 활동하던 푸른 잔디의 쟁쟁한 임원들이 모여 집으로 찾아온 것이었다.

맨 처음 내가 모임에 갔을 때 참가자들을 리드했던 A씨가 2층 내 방으로 올라오더니 입을 열자마자 나온 첫 마디가 "무슨 생각으로 와서 데려가라고 한 거야!"였다.

이어서 "그렇게 생각이 짧아서야, 그랬다가 가족 중에 누가 경찰에 신고라도 할 경우 데리고 나간 비장애인이 유괴죄로 체포돼." "장애인이 자신의 의지로 가출했다 하더라도 누군가의 손을 빌리지 않으면 안 되는 일인데, 장애인이 자기가 책임지고 한 일이라고 주장한들 통할 것 같아? 결국 잘못은 비장애인이 저지른 걸로 되어서 비장애인에게만 책임을 묻게 돼. 그런 걸 왜 헤아리지 못 하는 거야!" 숨도 쉬지 않고 나에게 퍼부었다.

나는 완전히 할 말을 잃고 말았다. '집에서 나는 어머니와 투쟁하고 있었다. 그건 운동을 함에 있어서 사회적 사명 같은 것이라 근본적으로 사무소에 있는 조직원들과도 연결되는 일이다. 그러니까 모두들 내 맘을 알아주겠지' 라고 굳게 믿은 나에게 그녀들의 입에서 쏟아져 나온 말은 전혀 생각지도 못한 것이었다.

도대체 이 사태를 어떻게 받아들여야 할까 — 나는 그저 막막했다.

상황이 심상치 않다고 생각했는지 어머니가 그 자리로 와서 "이 사람들이 이렇게까지 해서 너를 찾아오니 할 수 없는 노릇이다. 모임에 나가는 것만은 허락하마." 라고 말했고 곧바로 연금은 해제되었다. 하지만 모두들 돌아간 다음 혼자 남은 나는 그때까지 어머니와 투쟁하고 있던 긴장의 끈이 그녀들의 의해 싹둑싹둑 끊어진 것 같아 그저 망연자실 할 뿐이었다.

연금 상황일 때도 그런 말을 묻지 않았던 어머니가 "너, 괜찮은 거냐?" "죽을 생각은 아니지?" 하고 말을 걸어왔을 정도로 실의에 빠진 내 모습이 심각했던 것 같다.

이 사건은 상황에 짓눌려 냉정하게 주위를 살피지 못했던 나의 큰 실수로 운동사에 남게 되었고, <화분사건>이란 이름으로 꽤 시간이 지나서까지 놀림을 당한 부끄러운 일이 되고 말았다.

* '살아가는 건 너 자신이니까'

고교 졸업까지는 겨우 반년이 남아있던 때라 '네가 원해서 보낸 고등학교인데 졸업을 목전에 두고 그만두겠다는 건 허락 못한다'는 어머니의 말도 지극히 당연했다. 나는 고집을 꺾고 자립하는 일을 고교 졸업 때까지 미루기로 했다.

마지막 수업이 끝나자 졸업식도 가지 않고 도망치듯 집을 나갔다며 나중에 어머니가 어이없어 했던 것처럼 그때 나는 집을 나가는 일만 머릿속에 가득했다. 내 인생을 펼쳐가기 위해서는 자립생활을 하며 운동에 참여하는 것 이외에는 없다고 믿었다.

집을 나가는 조건으로 어머니가 나에게 선언한 것은 스스로 나가고 싶다 했으니 엄마는 아무것도 도와주지 않겠다, 지금 쓰고 있는 물건은 가져가도 좋지만 그 이외에는 일절 못 가져가니 그리 알라고 했다. 나는 그거야 당연한 일이고 그렇게 단언하는 어머니가 대단하다고 생각했다.

집을 나가는 날도 가까워진 어느 날 갑자기 어머니가 조용히 얘기를 시작했다.

"네가 하려는 일은 조선이 일본으로부터 독립하기 위해 독립운동을 했던 것과 같은 의미다. 네 자신으로 살아가기 위해 부모도 버리고 나가려는 건 네 입장에서 보면 당연한 거겠지. 하지만 부모가 그걸 막고 싶은 것 또한 당연한 일이야. 살아가는 건 너자신이니까 결국 네 뜻대로 하는 수밖에는 없겠지만…."

어머니 자신에게 말하듯 했던 이 말에는 과연 나 또한 가슴이 먹먹해졌다.

역시 어머니에게는 당할 수 없다고 생각했다. 누가 뭐래도 내가 하고자 하는 일을 가장 이해해주는 어머니의 저력에 감탄했다. 그리고 집을 나가면서까지 하고 싶어 한 장애인운동과 조선독립운동을 동등하게 나열해준 것이 눈물이 날 만큼 기뻤다.

사실 그 무렵 나에게는 내가 갈 길에 대해 단 한 점의 망설임도 없는 신념과 내가 하려는 운동이 이 사회의 커다란 문제와 연결된 것이라는 굳은 확신이 있었다. 그것을 위해서는 소소한 희생은 돌아보지 않으려 했고 해야 할 일이 명쾌하게 보였다. 앞으로의 생활을 생각하면 몸 안에서 불끈불끈 힘이 넘쳐나는 걸 느낄수 있었다.

졸업까지 불과 며칠밖에 안 남았을 때 나는 집에서 따듯한 음식을 먹고 따듯한 차를 마시면서 자립생활을 하게 되면 더 이상 이렇게 차도 마실 수 없고 깨끗이 세탁한 옷도 입을 수 없을지 모른다는 생각이 어렴풋이 들었다.

하지만 그건 비장감이라기보다 난생처음 내 힘으로 살기로 각오한 후련함이었다.

5장

삶의 시작

학교 성적은 낙제점 투성이라 졸업이 위태로웠지만 선생님이 전화까지 걸어 리포트를 제출하면 어떻게든 졸업은 시켜주겠다고 해 한시름 놓을 수 있었다. 이 선생님이 내가 입학할 때도 혼자 영단을 내려준 분이라고 들었다. 공부는 꾸준히 열등생이었지만 통신학교 또한 내가 여기까지 간신히 도달하게 된 과정에서 빼놓을 수 없는 존재였다.

그렇게 스물한 살이 되어서야 고교를 졸업한 1975년 3월 어느 날, 드디어 집을 나왔다. 그룹 고릴라의 회원이 자동차를 가져와 얼마 안 되는 짐을 옮겨주었다. 내 의지로 집을 나오는 것이니 두 번 다시 돌아오지 않으리라 마음속으로 결심했는데, 이날 집을 나올 때는 의외로 차분해서 가족과의 이별도 마치 여행을 떠나는 사람을 배웅하듯 허둥지둥 간단히 끝냈다.

집을 나와 첫 번째로 내가 살았던 곳은 당시 푸른 잔디회 사무소 근처로, 어머니가 일본으로 건너왔을 때 살았던 곳인 한큐 교토선阪急京都線 가까이의 소젠지崇禅寺 지역이다. 2층 목조건물이었는데 매일 활동보조인이 나를 업고 집으로 올라갔다. 방은 두 개 있었지만 하나는 삼각형 모양의 골방이어서 거의 쓰지 못하고 부엌도 방 쪽으로 돌출된 형태였다. 초라한 개수대와 조리대가 있을 뿐 욕조도 없었다.

집 맞은편에 목욕탕이 있었는데 여기도 활동보조인이 나를 업고 계단을 오르내리며 데려가 주었다. 당시 내 체중은 32Kg. 마르고 가볍긴 했지만 보조인도 모두 제각각이라 2층까지 나를 업고 오르내리는 것이 무리인 사람도 있었다.

지금도 별반 다르지 않지만 장애인이 집을 구하러 부동산을 찾아가면 제대로 응대해 주지 않았고, 그런 일로 부동산을 상대하는 건 시간낭비이니 '비장애인 명의로 세입자가 되라(이것도 회의를 통해 분담이 정해졌다)'는 말에 이때는 한 번도 직접 부동산을 돌아다니지 않았다. 게다가 당시 나에게 집은 거의 잠만 자는 곳이고 바깥활동이 일상이었기에 집에서 느긋하게 쉰다거나 집에서만 생활하겠다는 생각은 없었다.

* '생명의 초야'

어머니 집에서 쓰던 낡은 나무책상과 장애아시설에서 집으로 돌아왔을 때 구입한 철제 서랍과 그때 같이 산 플라스틱 쓰레기통 그리고 내가 덮고 자던 이불 한 채가 전부였다— 집을 나가는 조건대로 내가 쓰던 물건만 그것도 꼭 필요한 것만 가지고 나왔으니 아무것도 없는 방이었다.

그날 밤 함께 있어준 보조인이 어떻게 잠을 잤는지 기억이 없다. 3월이긴 했어도 아직은 쌀쌀해서 유독 추위를 많이 타는 나는 몹시 떨었던 기억이 있고, 앞으로의 활동에 대한 흥분으로 좀처럼 잠을 이루지 못했다.

나는 집에 있을 때 읽었던 호조 다미오北條民雄의 『생명의 초야命の初夜』라는 책을 떠올렸다. 생명의 초야 — 한센병을 선고 받고

요양소에 들어간 작가는 첫날밤을 분명히 그렇게 호칭했다. 이른바 일반사회로부터 격리되어 이질적이고 낯선 세계의 시작을 작가는 지금 막 태어난 내 생명의 시작이라며 존엄을 담아 그렇게 표현한 것이다.

시설에서 지낸 시간과는 다르겠지만 나 또한 이제부터 앞을 가로막을 빈곤과 역경을 상상하며 그럼에도 진정한 삶을 살기 위한 생명의 초야라고 생각했다. 내가 나로서 비로소 첫울음을 터트렸다 해도 좋을 이날 밤, 몸이 얼어붙는 추위와 빈곤은 아주 잘 어울렸다. 말 그대로 생명의 초야. 오늘밤은 절대적으로 이 순간 밖에 없다, 무엇과도 바꿀 수 없는 밤이라며 신성한 기분조차 느껴졌고 차디찬 다리에 간신히 온기가 돌기 시작한 새벽녘에야 겨우 잠이 들었다.

* 24시간 활동보조

그 후로 나에게는 굉장한 일들이 있었다. 그때까지만 해도 비교적 경증장애의 장애인이 혼자 생활하며 부모나 친구가 하루에 한 번 정도 몇 시간씩 보조해주는 예는 있었지만, 나처럼 중증의 신체장애인이 육친이 아닌 타인에게 24시간 활동보조를 받으며 지역에서 생활한 예는 일반적으로도 장애인운동에서도 거의 전례가 없는 일이었다.

또 이런 형태로 장애인들이 부모도 시설도 아닌 완전히 타인인 활동보조인의 보조를 받으며 자신의 의지대로 생활하는 것을 장애인의 '자립생활'이라 하는데, 그것도 이 무렵에 나온 용어라서 단어로만 떠돌던 '자립생활'이란 것을 처음 실행에 옮긴 인간이라 해도 좋을 것이다. 특별히 나를 지칭해 그런 말을 듣진 않았지만 자립장애인이 탄생한 것은 운동 안에서도 조직의 현격한 진보가 아니었을까.

이 당시만 해도 활동보조 조직인 고릴라 중에도 일상적으로 활동할 수 있는 멤버는 거의 없었다. 나의 활동보조는 날마다 그룹 고릴라에서 교대로 맡아하기로 했는데, 실제로는 사람이 없어서 결국 당일 보조인을 찾지 못하면 책임자 고릴라가 며칠씩 연속으로 회사를 쉬거나 혹은 대학교를 쉬고 오는 사태가 빈번해 초기에는 비참한 상황이었다.

그런 식으로 같은 사람이 연속해서 오다보면 피로가 누적돼 기진맥진하게 된다. 그러다 점점 아침에 약속한 시간에 늦어지기 시작했다. 보조가 필요한 장애인과의 약속시간에 늦는다는 것은 그때까지 장애인은 아무것도 할 수 없는(화장실조차 갈 수 없다) 상황이 되기 때문에 치명적이다. 게다가 만에 하나 보조인이 늦어지는 동안에 화재라도 나면 스스로 몸을 지킬 수 없는 장애인은 불에 타 죽을 수밖에 없다. 그런 의미에서 장애인은 보조인에게 목숨을 맡기고 있는 셈이다.

그런데 함께 장애인운동을 하는 동료가 약속시간에 늦어진다. 비장애인이 자립장애인을 보조함으로써 비장애인과 장애인이 함께 대등한 주체가 되어 살아갈 수 있는 사회를 지향하자면서 이런 상황을 자초하면 대체 왜 운동을 하는지 모르는 게 아닌가. ― 보조인에게 이렇게 추궁하면 상대는 사과를 하는 수밖에 없다. 앞으로 반드시 주의하겠다고 해 그 자리가 무마되지만 이틀

날 또 다른 보조인을 찾지 못하면 같은 사람이 오게 되고 다시 약속시간에 늦어지는 상항이 반복되었다.

일본에서 자립장애인의 생활은 기본적으로 생활보호제도에 의존한다. 그 외에 장애연금(나는 한국국적이라 받지 못한다)이 있지만 이 연금은 수입으로 간주되어 생활보호 지원금액에서 제외된다. 현재는 그 외에 활동보조인 수당을 지급하는 지자체도 있지만 지금과는 달리 그 무렵엔 복지지원 제도가 정비되지 않아서 장애인에게 보급되는 복지전화(긴급 구조요청 등이 가능한)조차도 없었기 때문에 전화연락도 불가능한 상황이었다. 때문에 보조인이 늦어져도 그저 기다리는 수밖에 달리 방법이 없고, 가장 심했을 때는 결국 점심때가 지나 오후 3시까지 방치된 적도 있었다. 그날은 끝내 보조인이 오지 않았고 용무가 있어 이따금 나를 찾아오던 비장애인이 나를 발견했다.

이 일을 계기로 장애인운동의 일환으로써 행정당국에 장애인 복지전화 설치를 요구하는 운동도 벌이게 되는데, 이 활동이 나에게는 인간의 에고이즘을 한층 더 실감하게 만들었다. 이 시기 일어난 일들은 내가 시설에서 체험했던 것과 근원이 같았다. 가혹한 노동조건 혹은 며칠씩 계속되는 업무로 보조인이 지치게 되면 그 피해는 최종적으로 저항할 수 없는 장애인에게 돌아왔다. 인간의 에고이즘이란 그런 것이다.

푸른 잔디회는 원래부터 장애인차별이 인간의 에고이즘 문제라는 것을 사상의 기반에 두고 있었기에 이 운동이 나에게 울림을 준 이유도 그 때문이었다. 앞에서도 썼듯이 인간의 본질은 에고이즘이란 것을 나는 시설에서 보낸 10년 동안 신물이 날 정도로 실감할 수밖에 없었다. 그리고 실제로 푸른 잔디 운동은 그 지점에서부터 고민해보고자 시작한 운동이었다. 헌데 그런 운동을 함께하는 동료가 똑같은 행동을 했다.

나는 이불속에 누워 방치된 채로 시시각각 흐르는 시간 속에서 그날 당연히 와야 하는 활동보조인을 말로써 이해시키는 것이 불가능하다면 어떤 식으로 깨닫게 해줘야 될까 복수심에 불타 있었다. 그 사람은 오늘 하루 정도쯤이야… 생각했을 것이다. 하지만 아무리 기다려도 보조인이 오지 않는다는 것이 장애인에게 어떤 의미인지 말로 설명해도 이해하지 못한다면 최종적으로는 내가 죽는 모습을 목격하게 만드는 수밖에 없지 않겠나—

자립하자마자 일어난 이 사건은 한 비장애인과의 문제에 그치지 않고 장애인과 비장애인 사이를 가로막아 대화 따위는 무력하게 만드는 심연의 깊이와 넓이에 대해 고민하게 해준 일이었다.

또 자립하고 나서 놀랐던 일은 자립하기 전과는 사무소를 보는 시각이 완전히 달라진 것이었다. 그때까지 내가 알고 있던 건 극히 일부였다는 걸 깨달았을 때의 충격. 사무소에서는 회의만 하고 집으로 귀가했던 시절에는 사무소를 단지 중계점 정도로 밖에 생각하지 않았는데, 차츰 사무소가 모든 일의 중심이 되자 그곳을 속속들이 파악하지 않으면 운동 전체를 안다고 할 수 없는 현실에 처음으로 직면한 것이다. 이건 충격이었다. 그리고 그 충격은 동시에 모든 것을 파악한다고 해도 중증장애인인 나에게는 결국 한계가 있음을 깨닫게 되는 일이었다.

그 초조함이 어디서 오는 것인지 나로서도 알 수 없었지만 어쨌든 나는 '아무리 집에서 나와 자립생활을 한다 해도 중증인 이상 평생 재택생활을 하는 것에는 변함이 없다'며 사무소 책임자인 비장애인에게 혼란스러운 감정을 터트렸다. 그런데 이 행동이 예상치 못하게 그 사람의 반발을 샀다. "네가 재택생활을 하든 안 하든 아무 상관도 없어. 그런 걸 문제 삼는다고 뭐가 달라지는데."

나로서는 사무소의 전모를 알 수 없다는 것 즉 운동에 참여하고 있음이 분명한 일반회원들이 모르는 곳에서 운동이 좌지우지되는 부분이 있음이 배신행위처럼 느껴졌다.(이 문제는 나중에 훨씬 더 큰 문제로 분출되어 결국 푸른 잔디를 분열로 몰아넣게 된다)

사무소라는 중심에 항상 접촉하지 않으면 운동의 전모를 파악할 수 없다는 건 결국 비장애인의 보조 없이는 움직일 수 없는 중증장애인은 아무래도 불리한 것 아닌가. 그렇게 되면 우리 같은 중증장애인이 도저히 알 수 없는 공간이 반드시 생기고 만다. 우연히 나는 그곳에 있을 수 있었기에 그런 세계가 별도로 존재한다는 걸 알게 되었다는 느낌을 지울 수 없었다.

* 지금 태어난 행복

그런 고민을 했던 것도 잠시였을 뿐 나는 새롭게 알게 된 사무소 생활에 점점 익숙해져갔다. 매일 사무소에서 회의, 밖에 나가 행정당국과 교섭, 재택생활을 하는 장애인의 가정방문 등 과감하게 투쟁해 나갔다. 외근을 나갈 때도 먼저 사무소에 들르고 일과가 끝나면 늦게라도 사무소로 돌아와 그날 있었던 일 등을 동료들과 공유한 뒤 밖에서 늦은 저녁을 먹고 집에 돌아와 잠자리에 들었다.

가정방문이란 아직 집안에만 묻혀 지내는 장애인을 발굴하기 위해 주소가 적힌 쪽지만 의지해 그들의 집을 찾아가는 일이다. 이런 방문을 하루에 세 집, 네 집, 다섯 집씩 처리해 간다. 운동에서 가장 기본이 되는 활동이다.

장애인가정의 대부분은 집에 장애인이 있는 것을 그다지 알리고 싶어 하지 않는다. 장애인을 부둥켜안고 막막해 하지만 남에게는 간섭받고 싶지 않은데다 다른 이의 손은 빌리지 않고 가족끼리 어떻게든 해결하려 했다. 그런 가정에 장애인을 만나러 얼굴도 모르는 사람이 불쑥 찾아가는 일이다. 그것도 스스로가 장애인인 인간이.

여기서 불쑥 찾아간다는 말은 미리 전화라도 하면 반드시라해도 좋을 만큼 거절당하기 때문에 그럴 수밖에 없었을 뿐 딱히 예고 없는 방문이 목적은 아니다. 그렇게 겨우 찾아낸다 하더라도 본인과 만나기까지는 현관 앞에서 실랑이를 벌여야 했다. 완강한 가족이라도 있으면 "그런 사람, 우리 집에는 없다."며 시치미를 떼는 경우도 있었다. 여하튼 수 십 명에 달하는 장애인가정을 임원들이 분담해 며칠까지는 빠짐없이 방문하자는 계획을 세워 모두 처리한 후 다시 회의에서 상황을 공유하고 향후 대책을 세웠다.

어쨌든 나는 지도를 보면서 남의 집을 찾아가는 일도 처음이었고 매일 휠체어를 타고 돌아다니는 것도 처음 해보는 경험이었다. 그동안은 차를 이용하는 경우가 대부분이었고 게다가 집안에서는 휠체어를 사용할 공간 따위 없었기 때문에 휠체어를 타는 일 자체가 별로 없었다. 전철을 타기 시작한 것도 자립한 이후여서 그전까지는 표를 사는 방법도 알지 못했다. 그렇다보니 처음으로 열차의 색깔만 보고 노선을 말할 수 있었을 땐 정말 기뻤다.

또 처음으로 전화로 길을 묻고 들은 대로 상상해서 지도를 그렸을 때는 신선한 감격이었다. 그전까지는 '야채 가게'라는 말을 들어도 본 적이 없기 때문에 찾지 못했다. 우체통도 그림이나 지식으로는 알고 있었지만 어쩌다 눈에 띄었을지 몰라도 의식한 적이 없었기 때문에(직접 편지를 보내 본 적이 없다) 실체를 모르는 것이나 마찬가지였다.

자립 후 이런 경험을 하며 내가 주체가 되어 생활하는 가운데 자연스럽게 사실적인 이미지로 주변의 사물들이 머릿속에 들어왔다. 어떤 사물이 필요에 의해 실체화되는 순간을 자각한다는 건 어쩌면 보통은 경험하지 못하는 일일 것이다.

그야말로 집을 떠나 자립생활을 선택함으로써 비로소 세상에 태어났다고 할 수 있다. 그것도 무자각의 갓난아기가 아니라 의식적으로 체험의 순간순간을 움켜잡아 희열과 더불어 성장의 양식이 되는 일이다. 그 당시의 일상에는 더없는 기회를 부여받은 행복감이 있었다.

푸른 잔디의 선배는 장애인의 자립생활을 '객사의 정신'이라 표현했다. 너무 비참한 말처럼 들리지만 나는 장애인의 자립이 어쩐지 이 말에 모두 표현되어 있다는 생각이 든다. 깔끔하게 관리되고, 감춰진 채, 살아있는 것만 허용할 뿐인 환경을 뛰쳐나와 안전 따위는 돌아보지 않고 삶과 생명을 세상에 드러내는 일. 그것이 진정한 배움이자 살아있다는 확신. 굉장히 위험한 일이지만 그렇기 때문에 오히려 그 시기는 사회적 사명감과 신선한 발견의 연속이어서 하루하루가 자극적이고 알찬 일상이었다.

지금도 나는, 내가 자립하고 나서 다시 태어난 존재이며 자의식 면에서도 이전의 내 인생이란 불과 몇 분에 지나지 않다고 생각한다. 그만큼 장애인의 삶이 박탈당해 있다는 얘기다. 그렇게 지내던 중 내가 자립생활을 시작한 것을 계기로 나의 다큐멘터리 영화를 만들어 보자는 제안이 나왔다.

애초에 간사이関西 지역의 푸른 잔디회는 영화 「사요나라 CP」 ('뇌성마비여, 안녕' 1972 하라 카즈오 감독, 한 중증장애인의 일상을 담아 당시 사회적 반향이 컸던 다큐멘터리 _ 옮긴이 주)의 상영운동을 계기로 만들어진 단체이다. 상영운동을 하는 과정에서 간사이 지역에 그룹리본이 만들어졌고, 그 다음엔 그룹리본이 모체가 되어 '산들바람처럼 거리로 나가자'라는 장애인운동을 수록한 필름 「게는 옆으로 걷는다(カニは横に歩く)」가 8mm영화로 제작되면서 간사이 지역에도 푸른 잔디회가 만들어졌다.

여기에 '나'라는 자립장애인이 탄생함으로써 운동의 프로파간다(propaganda)를 위해 「어떤 빛깔의 세계?(何色の世界? - 어느 재일조선인 장애인의 증언, 생활·교육·운동·민족-)」라는 타이틀로 8mm영화가 3개월에 걸쳐 제작되었다.

이 영화를 계기로 다시 상영운동을 시작했다. 이 운동은 장애인이 강연을 하고 비장애인은 필름을 돌리는 형태로 진행되었다.

어느 날 강연을 하기로 한 장애인이 갑자기 나오지 못하게 돼 사전준비도 없이 내가 강연을 맡게 되었다. 당시엔 강연이 끝나고 나면 반드시 관객과의 토론을 진행했다. 우리의 주장에 반발하는 의견도 나오고 차별할 마음은 없다는 의견도 있었다.

나는 모든 의견 하나하나에 우리의 논리로 답변해 나갔다. 그런 식으로 상대의 논리를 깨는 실력을 쌓아간 것이다.

나는 '청산유수'라 불렸을 만큼 반론을 반박하는 데에는 가차없는 면이 있었다. 상대를 찍소리 못하게 만들었을 때 일종의 정복감 같은 쾌감을 느끼지 못하면 직성이 풀리지 않았다. 그동안 축적해 왔던 모든 생각들을 논리화시켜 설득해 나갔다. 내가 처음 모임에 참가했을 때 호소력 넘치는 논리 전개와 설득력으로 나를 놀라게 했던 CP장애인 A씨처럼.

그사이 오사카를 거점으로 둔 임원급 활동가들이 간사이関西 지역 여러 곳으로 거처를 옮겨 각 지역에 푸른 잔디회를 설립해 간사이연합회가 결성되었다. 푸른 잔디의 급성장세는 감탄스러울 정도였다. 그리고 내가 자립한지 1년 쯤 되었을 때 한 가지 큰 투쟁이 계획되었다.

알고 지낸 소학교 학생이 '김만리 씨의 꿈'이라는 제목으로
나에 대한 느낌을 그림으로 발표.
앉아서도 뭐든 할 수 있는 집이 있으면 좋겠고,
더 많은 사람들을 알고 싶고, 휠체어 이동이 자유로운 환경과
스스럼없이 다툼도 할 수 있는 친구가 필요하다는 글을 적었다.

* 장애인 바리케이트

간사이関西 지역 어느 현에서 시설에 입소해 있던 푸른 잔디회 회원이 선로에 뛰어들어 자살을 한 사건이 일어났다. 원인규명을 위해 여러 차례 시설 측에 면담을 요청했는데도 시설 측은 응하지 않았다. 아무래도 시설 내에서 당한 학대를 호소할 곳이 없어 벌인 행동인 듯 그의 죽음에서 장애인을 사지로 몰아넣는 시설정책의 응축을 보는 것 같았다.

이 사건을 간과해서는 안 된다, 시설에 직접 행동을 취하기로 결정하고 연좌농성도 불사한다는 각오로 면담을 요청하러 갔다. 그런데 푸른 잔디회 활동이 장애인의 부모나 시설 등에서는 평판이 곱지 않았다. 최악의 경우 온갖 유언비어가 유포될 상황까지 상정해 이 투쟁에 대한 이해를 구하러 일제히 사전 재택방문을 개시하고 회원들의 의견을 들으러 다녔다. 그리고 드디어 임원들을 중심으로 농성 참가자들이 시설로 찾아가는 날이 왔다.

이날 자동차로 2시간 쯤 달려 항의하러 가던 때의 심정을 잊을 수 없다. 마음속에는 한 점 망설임도 없었고, 내 앞에는 일직선으로 길이 뻗어 있어서 어디로 향하는지 또렷하게 보이는 상태였다. 굉장한 긴장감 속에서 굽힐 줄 모르는 용기가 솟구쳤다. 습격에 나서는 47인의 사무라이들도 이런 기분이 아니었을까 싶을 만큼 비장했다.

문제의 그 시설에 일행들의 차가 차례차례 멈춰 섰다. 전부 20명은 되었던 것 같다. 누군가가 선두에 서서 사무실로 향했다. 그런데 좀처럼 책임자가 나타나지 않아 이곳저곳 돌아다니며 찾았으나 도무지 진척이 없었다.

애가 탄 일행은 사무실로 몰려 들어가 저마다 분노를 쏟아냈다. 그러자 어찌된 일인지 넓은 사무실 안에서 업무를 보던 사람들이 잇달아 바깥으로 나가고 우리만 남게 되었다.

상황이 이렇게 되자 걸을 수 있는 장애인 몇몇이 서둘러 사무실에 있던 의자와 책상을 끌어내 조금 전 직원들이 빠져나간 문 앞에 차곡차곡 쌓아올려 차단벽을 만들었다. 장애아시설에 있었을 때 텔레비전으로 학원투쟁이 벌어진 모습을 보고 같은 학생의 입장에서 환호의 갈채를 보내긴 했어도 어차피 먼 세상의 일이라 여겨졌던 그 유명한 바리케이트가 이렇게 쉽게 만들어지는 광경을 나는 신선한 놀라움으로 바라보았다. 우리가 사무실을 점거하는 데 성공한 것이다.

이렇게 일본에서 최초로 장애인의 시설점거 투쟁이 시작되었다.

우리는 그동안 우리들을 관리해 온 장애인 수용시설 사무실이 마치 우리의 해방구라도 된 듯 하고 싶은 대로 마음껏 해댔다. 관리서류들은 가리가리 찢어버렸고 서랍이란 서랍은 모두 빼내 사무실 안을 난장판으로 만들었다. 걸을 수 있는 이는 걷는 대로 걷지 못하는 이는 그 나름대로, 시설이나 양호학교처럼 우리 앞을 가로막아 온 관리 수용 정책에 직접적인 위협을 가하는 기분이었다.

물론 이 행동에는 장애인들만 참여했다. 만약 한 사람이라도 비장애인이 있으면 이 투쟁은 허사였다. 비장애인이 선동하고 장애인은 조종을 당한다고 밖에 보지 않는 여론에 발목을 잡히기 때문이다. 무엇보다 푸른 잔디에서는 비장애인의 역할은 활동보조만이라는 분명한 입장이 있었기 때문에 장애인들의 행동과는 관계가 없었다.

그렇게 바리케이트를 쌓은 상태였으니 당연히 아무도 사무실 밖으로 나갈 수 없었다. 나처럼 중증장애인은 걸을 수 없기 때문에 용변 또한 그 자리에서 해결할 각오였다.

시설 주변은 이내 소란스러워졌고 결국 기동대가 출동했다. 분명한 것은 안에 있는 이들은 모두 장애인들이었고 바리케이트를 만들긴 했지만 빈틈투성이였다. 기동대가 무너뜨리려고 마음만 먹으면 언제든 무너뜨릴 수 있는 상태이다.

나는 고민했다. '경증장애인 같으면 이곳에서 쫓겨날 때 기동대에게 달려드는 저항 정도는 가능하겠지. 하지만 나 같은 중증장애인은 상대에게 아무런 대미지도 주지 못하고 쉽게 끌려 나가고 말거야. 조금이라도 저항을 표출할 방법이 없을까'

주위를 둘러보니 사무실 안에 있는 철사가 눈에 들어왔다. '저 걸로 책상다리에 내 목을 감아놓으면 그걸 분리하는데 시간이 걸릴 테니 조금이라도 더 바닥에 앉은 채로 버틸 수 있겠지'

곧바로 경증장애인 동료에게 취지를 말하고 책상다리에 철사줄로 내 목을 감아달라고 했다. 다른 몇몇 중증장애인도 같은 방법으로 묶어달라고 했다. 그리고 그 자리에서 용변을 해결했다.

비장애인들은 밖에서 대기하며 주먹밥 같은 음식을 들여보냈다. 기동대도 음식 반입은 제지하지 않고 받아서 작은 창을 통해 안으로 넣어주었다.

그렇게 한밤중이 가까워지자 함께 노래라도 부르자는 얘기가 나왔고 어느새 누군가 노래를 부르기 시작했다. 이런 저런 노래를 부르던 중 당시 유행했던 <헤엄쳐라, 붕어빵>이 우리의 심정과 가장 잘 어울리는 것 같아 이 노래가 시설 사무실점거 주제가가 되었다.

〔 매일매일 우리는 철판 위에서 구워져서 너무 지겨워.
어느 날 아침 나는 가게 아저씨와 다투고 밖으로 뛰쳐나갔지.
처음으로 헤엄쳐 본 바다 속은 정말 기분 좋았어.
뱃속에 든 단팥이 무겁긴 해도 바다는 넓고 가슴은 설레네. (워우—) 〕

이런 식으로 이어지는 가사가 마지막에는 먹이인줄 착각하고 낚시꾼의 바늘에 걸려드는 결말로 끝난다.

'매일매일…' 이 부분이 시설에서 지내야 하는 우리의 상황과 꼭 닮았다는 것과 어차피 질 싸움에 나서고 있는 우리들 그리고 자살이라는 방법으로 자신의 존재를 드러낼 수밖에 없었던 그에 대한 전별노래로 코믹하면서도 애수가 느껴지는 이 노래를 정말 수없이 반복하며 다함께 합창했다.

기동대도 장애인들뿐인 이 기묘한 집단에는 그리 쉽게 손을 쓰지 못했는지 우리가 예상했던 것 이상으로 농성은 길어졌다.

사무실을 점거하고 24시간 쯤 경과되었을까 아니, 그보다 더 지났을까, 사무실 창을 부수고 일제히 기동대원들이 몰려 들어왔다. 게다가 그들은 담요까지 들고 있었다. 3명이 한 조가 되어 친절하게 담요로 몸을 감싸 주기라도 하겠다는 듯 '지금 구해주겠다. 이제 괜찮다' 소리치며 유리창을 깨고 들어왔다.

역시 진압작전의 가장 큰 난관은 중증장애인의 목에 감겨 있는 철사였는지 연장을 가져와 잘라내는데 꽤 시간이 걸렸던 것 같다. 담요에 감싸여 4명의 기동대원이 사방 끝을 들어 올린 형태로 밖으로 실려 나갈 때는 정말 기가 막혔지만 '그래도 기동대 놈들의 더러운 손에 닿는 것보다는 낫다'고 생각했다. 하지만 아무리 생각해도 사실 이 상황은 비참했다.

밖으로 들려나온 뒤 호송차였는지 일반버스였는지 모르지만 큰 차에 실린 채 우리를 데려 간 곳은— 뜻밖에도 푸른 잔디의 사무소였다.

이때는 정말 모두 할 말을 잃고 말았다. 누가 뭐래도 장애인시설의 사무실을 점거한 대형사건을 일으켰고 엄연히 법에 저촉되는 행위를 하고 있었다. 얼추 결말을 예상하긴 했지만 실제로 그런 취급을 당하니 어이가 없었다.

기동대의 호송을 받으며 사무소로 돌아오다니, 장애인은 무슨 짓을 해도 허용되는 것이다. 결국 장애인은 세상에서 말하는 책임 바깥에 있었다. 사무소에 도착해서도 대기하고 있던 비장애인들에게 '기동대가 데려다 주다니 한심하다'는 비아냥만 들었을 뿐 장애인이 얼마나 제대로 취급받지 못하고 있는지 새삼 깨달았다.

중증장애인은 취조를 하거나 유치장에 넣는데도 보조인이 필요하다. 경찰이 활동보조까지 하면서 취조하는 건 취조가 아니다. 중증장애인을 법으로 처벌하려면 손이 더 많이 갔다. 그리고 역시 예상치 못한 사고라도 생겼을 때 책임문제를 고민한 것이다. 취조 도중에 만약 사고라도 생기면 잘잘못을 떠나 세간의 동정은 장애인에게 향한다. 즉 사회는 장애인이 책임을 지는 것을 바라지 않는다는 얘기다. 어딘가에 친절하게 격리시켜 두면 그만일 뿐 — 그런 의미에서 시설에서 겪은 일로 벌어진 그의 자살 사건도, 우리가 했던 항의의 결과도 결국 뿌리는 같았다.

이 사건을 통해 이른바 과격한 조직이라 일컬어진 푸른 잔디회의 직접행동 여파가 전국으로 퍼지게 된다.

한편 이런 활동을 하며 CP(뇌성마비) 장애인들과 지내다 보면 여러 면에서 '의외'라 여겨지는 일들이 있었다. 보행이 가능한 CP인 A씨는 "우리는 머리끝에서 발끝까지 CP야." "CP는 언어장애가 있는 게 아니라 CP언어로 얘기하는 거야" 라고 자주 말했다.

또 CP장애인들은 다른 사람들과 똑같이 말하고 있다고 느낀다고 했다. 그런데 주위 사람들은 심한 언어장애가 있다고 밖에 보지 않는다고도. 그만큼 CP가 일반 사람들과 현실을 공유하는 것은 어려운 일이다.

그리고 우리들은 어린애들처럼 마구잡이로 싸우는 걸 좋아해서 회의가 끝난 후에는 어김없다 해도 좋을 만큼 마지막엔 몸싸움을 했다. 그게 점점 정도가 심해져서 나 같은 경우 폴리오(소아마비)이며 언어장애가 없다는 이유로 거의 왕따 취급을 당한 적이 몇 번쯤 있다. 언젠가 뒤풀이 땐 테이블 위에 있던 마요네즈, 간장, 소금, 후추 등 조미료를 닥치는 대로 집어 머리에 뿌려대더니 "이 머리가 못됐어." 하며 머리카락을 엉망으로 만들어 곤혹스러웠던 일도 있다.

나는 CP장애인은 아니지만 운동조직에서의 위치는 CP장애인 중심멤버와 마찬가지로 전체적인 방침을 제시하고 통솔하는 쪽이었다. 행정기관과 담판에 나설 때도 상대의 태도나 전체흐름을 읽을 수 있어서 예상한 성과가 나와도 재미라던가 성취감 같은 건 없었다.

내 입으로 말하는 것이 좀 그렇지만 활동방침을 세울 때도 앞일을 간파할 수 있었고 아이디어도 있었다. 토론도 지지 않았다. 나는 CP장애인운동을 하면서 어느 사이엔가 중요한 위치를 차지하게 되었다. 그렇지만 CP는 아니기 때문에 결코 임원은 될 수 없다는 페널티가 주어졌다.

이렇게 조직의 중심이 되어 활동하는 가운데 다양한 투쟁을 벌였다. 연좌시위도 몇 차례인가 있었고 그 사이 자립장애인도 많이 늘어났다. 푸른 잔디는 오사카에만 사무소가 4곳이 생겨날 정도로 급성장했다. 그러자 간사이연합회를 결성한 멤버와 오사카 멤버들은 아직 푸른 잔디가 없었던 규슈九州·주고쿠中国 지방으로 거처를 옮겨 일본전역에 조직을 만들기 위해 흩어졌다.

CP장애인이 아닌 나는 도요나카豊中 지역의 업무를 맡게 되어 이사를 해야 했다. 내키지는 않았지만 도요나카 시에 있는 핫토리服部로 거처를 옮겼다.

*그늘

핫토리에서의 생활은 그다지 좋은 기억이 없다. 새로 구한 집도 공터가 많은 외딴 곳에 덜렁 지어놓은 문화주택(간사이関西 지역에서는 방 두 칸에 작은 부엌이 딸린 목조주택을 이렇게 불렀다)이어서 이전 거처와 마찬가지로 욕조가 없었다. 여기서 나는 23살부터 26살 무렵까지 지냈는데, 핫토리에서의 생활은 모두 이 집에 대한 인상으로 상징된다.

급격히 발전해 가는 운동조직 내에서는 개인을 돌아볼 여유 따위 없었다. 그럼에도 눈앞에 주어진 활동에 매진하는 하루하루가 활기에 넘쳤음에는 변함이 없었다.

그러던 어느 날 오랫동안 활동한 경증장애인 여성활동가가 임신을 했다. 그녀는 혼자 아이를 낳아 키우겠다고 주장했다. 그러나 아직 세상은 장애인이 미혼인 채 자신의 의지로 아이를 낳아 키우는 걸 인정하지 않았다. 그렇게 되면 지금까지 해왔던 운동이 무너진다며 비장애인 활동가들이 강고하게 반대했고, 아이는 아버지의 호적에 올리고 결혼도 마땅히 해야 된다는 의견에 따라 그녀는 그렇게 했다.

나는 석연치 않았다. 그래도 본인이 납득한다면 그걸로 됐다고도 생각했다.

간토関東 지역의 푸른 잔디 선배들 가운데는 아이가 있는 커플도 많아서 그 당시 기록 중에는 CP장애인이 아이를 낳아 키우는 일에 대해 쓴 글도 있다.

그중 인상에 남은 것이 'CP장애인에게서 비장애아가 태어나는 것이 가장 불행하다'는 문장이다. — CP장애인의 독특한 페이스를 도저히 이해할 수 없는 비장애아로 태어나면 아이는 비장애인의 시선으로 부모를 차별하게 된다. 자신의 혈육을 분리하면서까지 자기존재를 부정하는 비장애아, 자신들과는 삶의 페이스가 다른 비장애아를 양육해야 되는 부분에 CP장애인의 가장 큰 불행이 존재한다. — 이렇게 이제까지 그래왔듯 철학적인 그들 특유의 논리가 전개되어 있었다.

　그녀의 출산도 이 논리의 영향을 받아 동료 CP장애인이나 활동보조인들의 대처는 상당히 놀라운 것들이었다. 그들은 비장애인이 그들 모자를 돌보는 방법에 상당히 신경을 썼다. 예를 들면 비장애인은 갓난아기를 가능한 안아주지 않는 것이다. CP장애인의 감각으로 안아주는 것보다 비장애인이 안아주는 쪽이 갓난아기도 편안하기 때문에 차츰 아기가 부모인 CP장애인을 꺼리게 된다는 이유에서다. 이 부분에 이르자 더 이상 나의 이해를 뛰어넘는 이야기였다.

　그렇게 나의 일상적인 활동은 도요나카를 중심으로 진행되었는데 내가 맡은 역할은 '김만리 씨를 찾아가 이야기를 좀 듣고 오라'며 사무소에서 보내오는 활동보조인에게 "장애인 문제는 누워만 지내야 하는 중증장애인을 기본으로……" 이렇게 시작해서 장애인 문제의 기초에서 장애인운동의 핵심으로 접근해 가며 활동의 방향성을 제시하는 일이었다.

　즉 먼저 논리로 상대를 납득시키는 역할이었다. 그밖에 비장애인을 조직하거나 그들과 토론도 하는, 다시 말해 비장애인에게 활동을 하는데 있어 이론구축의 지주가 되어주는 역할이다. 그러나 한편으로는 '김만리 씨는 CP와는 다르니까'라거나 '김만리 씨에게는 카리스마가 있으니까'라는 뒷말도 들었다.

　나는 이 '카리스마'라는 말에 언젠가부터 공포감을 느끼게 되었다. 그 말을 들을 때는 어김없다고 할 만큼 좋은 의미는 포함되어 있지 않았다. 이 단어에는 의미 없이 사람의 마음을 혼란스럽게 하거나 어쩐지 종교적이라 할 꺼림칙한 울림이 있었다.

그렇지만 내가 그들처럼 CP장애인은 아니며 더욱이 언어장애가 없으니 그들과는 다르게 비장애인적인 부분이 분명히 내게 있었다. 그걸 생각하면 그런 뒷말들은 좋게 받아들일 수밖에 없다고 여겼다. 하지만 한편으로 내가 버튼만 누르면 자동으로 말을 시작하는 인형취급을 받는 것 같아 내내 자조적인 기분이 느껴진 것만은 분명하다.

더불어 장애인운동을 하면서 아이를 갖는 비장애인도 나오기 시작했다. 운동조직의 하나로 사설보육소도 설립되었다. 조직 내에 운동의 새로운 전개가 필요해지는 듯 했다.

*분열

알게 모르게 조직 내부가 술렁이기 시작한 것은 감지하고 있었다. 그러던 어느 날 사무소를 뒤흔드는 사건이 벌어졌다.

내가 처음으로 그룹리본의 모임에 나갔을 때 리더였고 전체를 이끌었던 CP장애인 A씨가 '지금까지 장애인이 주체가 된 운동이라 했지만 실제로는 비장애인에 의해 움직였다'며 사무소의 내막을 폭로한 것이다. 사무소 책임자였던 비장애인이 '자신을 조종했고 그가 조직의 운동방침도 세웠다'고.

이 폭로로 사무소는 큰 혼란에 빠졌다.

이 혼란을 끌어안은 채 1977년 4월 22일, 큰 투쟁도 조직되었다. 전국적으로도 파문이 컸던 이른바 '장애인들의 시영버스 탈취사건'으로 알려진 <가나가와^{神奈川} 현^懸 버스투쟁>이다.

이 사건은 가나가와 현에서 휠체어를 탄 장애인이 시영버스 승차를 거부당해 항의한 끝에 결국은 승차를 했는데 버스기사가 운전을 포기하고 하차 해버린 일이 발단이었다. 이를 계기로 전국의 푸른 잔디 회원들이 가나가와 현으로 집결해 시영 버스에 올라탔고 결과적으로는 거의 모든 시영 버스를 점거해 버린 사태로 발전했다. 휠체어 한 대가 승차한 일로 해당 현의 모든 버스가 멈춰서 버린 해학적인 일이 현실에서 일어난 것이다.

나는 이 투쟁에 직접 참가하지는 못했다. 오사카에서 사무실을 지키도록 지시받았기 때문이다. 후술하겠지만 전국적인 이 투쟁에 더 이상 나는 CP가 아니라는 이유로 제외되었다.

또 비슷한 시기 오사카에서는 생활보호 대상자였던 한 장애인이 사망한 사건을 계기로 그 사람이 생전에 어떤 취급을 받았는지 해당 구청에 끊임없이 항의한 끝에 연좌사태로 번졌고 결국 구청의 사과를 받아낸 일도 있었다.

이런 일들이 벌어지는 와중에도 A씨의 발언이 발단이 된 비장애인과의 불협화음은 확산일로였고 그러던 어느 날 지도부가 조직을 재편성한다고 발표했다.

이로 인해 나처럼 CP가 아닌 장애인들은 모두 그만두라는 명령이 내려졌고 자기들만으로 독립해야 마땅하다고 했다. 그밖에도 여러모로 조직의 개혁을 도모하기 위해 대담한 방법이 동원되었다.

우리는 막막했다. 그렇지만 푸른 잔디 운동의 주체인 CP장애인이 그렇게 결정한다면 어쩔 수 없는 일이었다. 한동안 개혁을 위한 회의가 진행되기도 했지만 또다시 갑작스럽게(적어도 활동의 중심인 사무소에서 멀리 떨어져 있는 내게는 그렇게 비쳤다) 이번엔 비장애인

조직을 해산시키자는 제안을 A씨가 내놓았다.

조직의 사활이 걸린 문제였다. 비장애인에게서도 장애인에게서도 '승복할 수 없다'는 비난이 쏟아졌다.

결국 푸른 잔디에서 퇴출당한 후 나는 그곳에서 활동하던 CP 이외의 장애인들과 장애가 경미해 보조인 역할을 자청했던 고릴라 활동가들과 함께 '목부터 위쪽은 비장애인' 집단인 <갈대의 모임葦の会>을 만들었다. 그런데 모체인 푸른 잔디 쪽에서는 이렇다 할 활동방침도 정하지 않은 채 또다시 비장애인 조직을 없앨지 존속시킬 것인지 판단하라는 추궁을 받게 되었다.

나로서는 도무지 뭐가 뭔지 알 수 없었다. 하지만 사태는 점점 진전되어 갔다. 그것도 최악으로. 장애인과 비장애인이 완전히 갈라졌고 게다가 장애인 쪽도 둘로 나뉘었다.

기탄없는 토론도 벌어졌다. 비장애인 조직을 없앤다는 건 터무니없다는 말도 나는 충분히 이해되었다. 하지만 A씨가 얘기한 '물론, 비장애인 조직을 없애면 지금까지 재택생활을 해온 장애인도 시설로 들어가야 할지 모른다. 자립하고 있는 장애인은 집으로 다시 돌아가야 할지도 모른다. 그렇기 때문에 더욱 지금까지 우리가 해왔던 운동을 새로 고민해야 된다. 그 운동이 비장애인이 있었기에 가능했던 운동인가 아닌가를' 이라는 말과 '어차피 중증장애인은 활동보조를 하는 비장애인에게 목덜미를 잡혀 있는 것'이라는 말이 강렬하게 남았다.

어쩐지 푸른 잔디의 CP장애인들에게는 극단적인 발상이 많았다. 언뜻 가당치않은 토론처럼 보이지만 진짜 하고 싶은 말은 속에 들어 있으니 스스로 파악하라는 그 태도에 나는 왠지 끌렸다.

창조한 것을 부수지 않고는 볼 수 없는 것이 있다, 진실은 그 속에만 있다 — A씨가 그렇게 말하고 있는 것 같았다.

그때 회의 도중 잡담처럼 한 CP장애인이 내게 말했다. "만리 씨는 비장애인 조직이 없어져도 활동보조인이 나타날 걸." 나는 이때까지 운동 안에서의 자립 외에는 자립을 생각해 본 적이 없기 때문에 그 말은 뜻밖이었다.

비장애인 조직을 잘라내자는 제안이 나온 상황에서 나 혼자 자립생활을 꾸려나갈 수 있을지 자문해 보았다. 어떻게 판단해야 될까, 그 문제로 머리가 터질 지경이었는데 무심히 내게 던진 동료의 말에 그럴 수도 있겠다 싶어 조금은 마음이 편안해졌다.

앞날의 안전 같은 건 알 수 없는 일이다. 그보다 두 가지 길이 있다면 안전한 쪽보다 고생스러운 쪽을 택하고 마는 게 청개구리 같은 내 성격이다. 다만 무엇보다 도리에 맞는 장애인운동을 생각하면 그건 비장애인 조직이 있기 때문에 가능한 운동이어서는 안 된다는 것이다. 장애인 자신의 삶의 태도 자체가 문제이다. 객사의 정신이 역시 원점이라는 생각이 들었다.

1978년 3월, 효고兵庫 현의 '푸른 잔디'가 다른 현보다 먼저 고릴라조직의 해산을 결정하고 단행했다. 같은 해 가을 무렵 나는 결국 비장애인 조직을 없애는 쪽을 선택하고 그동안 활동해온 조직에서 나오게 된다. 하지만 이 결단보다 그 후가 몇 배로 더 고통스러웠다.

* 조직 해체

푸른 잔디는 지자체 단위의 조직이어서 이 시기 지역에 따라서는 비장애인 조직을 존속시키기로 판단한 곳도 있었지만 결과적으로는 푸른 잔디의 협력체들도 갈기갈기 끊어져 사실상 CP장애인 자신들의 손으로 전국에 세력을 확대해 온 조직을 조각조각 해체하게 되었다.

나는 내심 조직자체는 해체되어도 운동적인 것을 추구하는 일은 각자 개인의 마음속에서 보다 더 절실해질 거라 생각했다. 하지만 내 생각은 안이했다. 더불어 내 안에서 사람들을 설득해 왔던 언어가 사라져 갔다.

그동안 내가 써왔던 운동언어는 먼저 '우리'로 시작하고 그 다음엔 '누워만 지내는 중증장애인을 기본으로…'로 이어지는데 이젠 처음부터 더 이상은 '우리'라는 말은 쓸 수 없었다. '우리'라는 복수형이 아닌 '나'라는 1인칭에서 시작하지 않으면 안 되었다. 지금까지 내가 '아직 해방되지 않은 장애인 총체의 대변자'로서의 언어밖에 갖지 못했다는 것을 깨닫게 되었다.

그뿐만이 아니라 조직을 떠난다는 건 그동안 배양해 온 모든 것이 통용되지 않게 되는 일이었다. 그건 나로서는 더 이상은 다른 사람에게 무언가를 전달할 자격 따윈 없는 것과 마찬가지였다. 나는 운동 안에서 처음으로 세상에 새로 태어나 언어를 얻었고 장애인임을 긍정적으로 확인할 수 있었다. 그 운동을 지탱해 온 조직을 부정하는 일은 나를 지탱해 준 모든 뒷받침을 없애는 일이었다. 운동이 없다면, 조직이 없다면, 그만큼 내가 아무 것도 남지 않은 상태로 돌아가는 존재였음을 뼈저리게 깨달았다.

내 안에 '조직을 떠났어도 운동은 할 수 있다. 그녀들도 분명 다시 무언가를 시작 할 것'이라는 혼자만의 기대를 가졌던 건 확실하다. 그 기대를 보기 좋게 깨부수기라도 하듯 내가 믿고 의지한 울타리였고 나에게 깊은 영향을 준 CP장애인 A씨가 그룹리본을 해체하자마자 지금이야말로 CP장애인의 아이를 만드는 일이 우선이라며 집안에 들어앉아 아이를 갖는 일에 힘쓰기 시작했다.

조직을 부정했던 장애인들 사이에서 아이 만들기로 도망치기라도 하듯 출산 붐이 일어났다. 내 주위는 내가 이해할 수 없는 사태로 진전되어 갔고 나는 그저 어찌해야 좋을지 모른 채 서성거릴 뿐이었다.

"달콤한 환상은 갖지 마라. 그런 건 우리와는 상관없는 일이야." 그녀들에게 그런 말을 듣는 것 같았다. 자문자답의 나날이 계속됐다. 어떤 의미에서는 온갖 기대를 배신하고 '세상의 정의나 도리도 어차피 비장애인 문화'라며 스스로의 족적까지도 파괴해버리고 모두의 눈앞에서 사라져 간 그녀들이 장하다 할지도 모른다. 허나 그 도착지가 아이를 낳아 기르는 일이라니. 나로서는 승복할 수 없는 부분이 있었다.

나는 아이를 내 삶의 방법으로 사용하고 싶지 않았다. 그러면 아이는 단순히 피난처가 아닌가. 아이와 내 인생은 기본적으로는 별개인데다 내 삶이 확실하지 않고서는 아이 같은 건 낳아 기를 수 없다고 생각했다. 아이를 자기 인생의 표현으로 삼다니, 부모가 자신의 인생을 의지하려고 아이를 낳고 그 아이가 장애라는 걸 알았을 땐 희망이 부서져 미래가 없는, 그토록 우리가 문제제기를 해 온 장애아에 대한 부모의 차별과 대체 무엇이 다른가. 나는 절대로 그 일만은 하지 않겠다고 다짐했다.

생각해보면 역시 아이라는 존재는 근심거리여서 처음 조직 내 장애인 활동가가 임신했을 무렵부터 불온한 공기가 퍼지기 시작한 것 같다. 결혼하지 않고 아이를 낳아 키우겠다는 그녀를, 운동을 사수하기 위해서라며 무리하게 아이를 호적에 올리도록 만들었다. 이제와 생각하면 그 일도 역시 A씨의 고백처럼 장애인 스스로의 운동이라 말하며 비장애인이 주도한 운동만 해왔음이 드러난 것일지 모른다.

나는 그 당시 무리하게 아이를 입적시킨 비장애인들의 발상이 이해되지 않았다. 세상에 통용되고 있는 관습 혹은 제도나 질서 따위는 일단 그 형태에 끼워 맞추기 시작하면 한없이 개인을 침식하려 든다고 생각했다. 보통은 이렇게 한다, 일반적인 사람이라면 그렇게 한다 — 그럼 처음부터 '보통'이 아닌 장애인은 어떻게 해야 되는 건가. 그 형태 자체가 이미 비장애인의 문화가 아닌가. 당연해야 할 모습을 사전에 규정해버리는 행위, 그것이 제도가 되어 개인을 끝없이 관리하려 들었다.

이러니저러니 해도 그런 제도에 편승해 자연스럽게 마찰 없이 살아갈 수 있는 건 비장애인 쪽이다. 특히 유리한 건 비장애인 남성이다. 하지만 장애인은 육아도 파트너와 사는 일도 실제로 여전히 쉽지 않다. 하물며 그 무렵은 지금보다 훨씬 '생각할 수 없는 일'이자 결혼도 육아도 모두 운동을 통해 주장하지 않으면 안 되는 시대였다. 장애인은 프라이버시 따위 가져서도 안 되고, 사생활에도 미련을 두지 않고, 그저 오로지 끊임없이 운동을 펼쳐

나가지 않으면 안 되는, 장애인은 그런 역할을 연기하도록 강요당한 존재에 지나지 않았는지도 모른다.

그녀들이 일제히 육아를 시작한 것도 그런 운동방식에 대한 반동이 아니었을까. 그녀들의 행동이 당시의 나로서는 도무지 납득할 수 없었다….

운동을 그만 둔 후에도 자문은 계속되었다.

장애인이 주체가 된 운동이라 말했지만 현실은 정말 그렇다 할 수 있는가.

장애인에게 독자성이 정말 있을까.

결국은 비장애인 문화 쪽이 강했다는 얘기인가.

장애인과 비장애인의 공동성 따윈 애초에 있을 수 없는 것인가.

그리고 비장애인에게도 장애인에게도 존재하는 '피난처로서의 아이와 가정'에 대한 불신감.

이런 상황에서도 나는 떠나는 이와 남겨진 이의 협간에 홀로 남은 느낌이었다. 이 문제가 나에게는 무거운 좌절감으로 남아 그 후에도 긴 시간동안 괴로웠다.

당시 나는 24살이었다. 21살에 집을 나와 운동조직에 들어갔을 때 '이제 막, 이 세상에 태어났다'고 느꼈던 것과 동시에 '온갖 굴레를 이제부터 만들어 가는 거다, 그것이 인생'이라고 내 나름 아직 겪어보지 않은 인생에 대해 기대를 품었던 일이 떠올렸다.

6장

나를 의지하여

* '객사할 각오'

어찌되었든 자립생활을 계속하려면 활동보조인이 필요했다. 이때까지 활동보조를 해준 그룹 고릴라의 활동은 중단되었다. 고릴라를 그만두지는 않았지만 그곳과는 별개로 개인적으로 와주겠다는 비장애인도 있었으나 현실적으론 무리가 있어 지속되지 못했다. 또 '운동에 참여하지 않는 나를 보조하는 일은 의미가 없다'며 그만 둔 비장애인도 있었다.

그때, 여태까지 얼마나 우리 같은 장애인의 선동으로 그들이 활동해왔는지 깨달았다. 비장애인에겐 운동을 독려하지 않는 장애인이나 참여하지 않는 장애인은 가치가 없다는 얘기다. 그러니 보조하러 갈 필요도 없는 것이다.

결국 활동보조를 자원하는 쪽은 비장애인이라 우리 같은 장애인은 입 다물고 받아들이는 수밖에 없다. 그렇다면 그들의 뜻에 철저히 따르기로 하자. 그것이 '어차피 중증장애인은 비장애인에게 목덜미를 잡혀있다'고 한 활동가 A씨의 말에 대한 내 나름의 한 가지 답이었다.

할 이야기가 없다면 보조인과 애써 대화하지 말자. 그것 때문에 나를 떠나고 싶다면 떠나면 된다. 보조인에게 내 상태를 있는 그대로 노출하고 나를 선택하게 하는 수밖에 없다. 어리석든 현명하든 그것이 있는 그대로의 현실이니 어차피 도망치지도 숨지도 못할 바에야 철저하게 비장애인이 나를 선택하게 만들자.

신기하게도 이런 생각에 이르렀을 때 푸른 잔디의 자립정신인 '객사할 각오'라는 말이 훨씬 더 가깝게 다가왔다.

자립을 시작했을 당시 매일 늦어지는 활동보조인에게 이글이글 복수심을 불태웠을 때는, 보조할 책임이 있는 존재로서 비장애인 조직이 있다는 전제 아래 눈앞에 있는 보조인을 어떻게 깨우쳐줄까 하는 정도였다. 그때 내가 '죽어가는 모습을 보여줄 수밖에 없다'고 생각한 것도 일종의 공상 같은 것이어서 아직은 마음의 여유가 있었다. 그런데 이번에는 상황이 달랐다.

실제로 자원한 보조인이 연락도 없이 오지 않는 날도 있을지 모른다. 오로지 나 혼자서, 달리 정당화 할 수 있는 무엇도 없이, 내가 사는 모습을 그대로 드러내야 한다. 그런 다음 나를 선택하게 할 수밖에 없다.

이런 상황이 만들어진다면 절대로 내가 먼저 자원한 보조인을 그만두게 하지 말자. 그만 하겠다면 스스로 그만두게 하겠노라 결심했다. 어디까지나 당신들이 관계를 끊는 입장임을 깨닫게 하고 싶었다. 어차피 '중증장애인은 결국 비장애인에게 목덜미를 잡혀있다'는 말을 듣는 이상 이렇게까지 할 수밖에 없었다.

아무리 괴로워도 매일 보조인과 함께 있지 않으면 중증장애인은 죽을 수밖에 없다.

장애인운동을 하든 안 하든 보조인과의 관계는 엄연히 '존재' 했다. 그런데 막상 활동보조인을 찾지 못해 긴급 SOS를 요청한 경우는 단 한 차례뿐이었다. 그날은 알고 지내던 장애아를 둔 어머니에게 '지금 보조인을 찾지 못해서 그러는데 미안하지만 와줄 수 없느냐'고 전화를 걸었다. 그러자 그분이 비장애인 딸에게 도시락을 들려 보내주어 그 상황을 모면했다.

이런 날이 있긴 했어도 막상 시도해보니 의외로 각오했던 비참한 상황은 다행히 일어나지 않았다. 궁하면 통한다는 속담도 절실히 느꼈다. 이 무렵에는 예전 고릴라 멤버는 아니었지만 이런 활동에 협조적이었던 이들이 몇 명 쯤 남아주어서 당시 이행기의 혼란을 버틸 수 있게 해주었다. 이 사람들 덕분에 그 후로도 점차 활동보조인을 늘려갈 수 있었다.

이 당시에 또 한 가지 결심한 것이 있다. '진심으로 무언가 하고 싶은 일이 내 안에 솟아날 때까지 아무것도 하지 말자'는 결심이다. 한때의 위안으로 무언가에 덤벼드는 일만은 하지 말자. 현재 나의 절망과 정면으로 마주하자. 가라앉을 때까지 가라앉으면 그 다음 어떻게 될지는 자연히 알게 되리라. 그 일로 두 번 다시 떠오르지 않는다 해도 괜찮은 것 아닌가. 그땐, 나는 거기까지인 인간이다.

이 당시 심정은 깊고 고요하게 잠행한다는 표현과 딱 맞았다.

그리고 활동보조는 결과일 뿐 목적이 아니다. 보조인을 붙잡아두기 위해 무언가를 해야 되는 게 아니라 내 삶 속에 따라오는 존재라는 생각이 들었다. 단순한 것 같은 이 발견이 사실 나로서는 커다란 전환이었다.

여하튼 내게는 남을 걱정하고 있을 여유가 없었다. 보조인과 전혀 대화하지 않는 날이 며칠씩 계속되기도 했다. 진심으로 말을 하고 싶지 않았던 것이다.

* 경찰이 무슨 일로?

그렇게 지내는 사이 내가 얼마나 위험하고 의지할 곳 없는 상황에 놓였는지를 다시 한 번 깨닫게 된 사건이 일어났다.

어느 날, 여느 때처럼 보조인이 밀어주는 휠체어를 타고 가까운 역에서 집 방향으로 향했다. 인기척이 없는 골목을 돌아서려는데 모퉁이에 경찰 두 명이 서 있었다. 아무렇지 않게 그 옆을 지나는데 경찰 한 명이 다른 한 명에게 '푸른 잔디야'라고 말하는 소리가 귀에 들려왔다.

나는 귀를 의심했다. 그들이 나를 알아 볼 리가 없었다. 아무리 과격하다는 말을 들었던 푸른 잔디였지만 이미 나는 조직을 그만두었다. 중심이 되어서 활동할 때도 이런 일을 당하지 않았는데 그만 둔 내가 어째서 저런 말을 들어야 되는 건가.

짐작되는 일이 떠올랐다. 앞서 말한 시설 점거투쟁 당시 강제해산 될 때 경찰이 얼굴사진을 마구 찍었던 일이다. 그렇다 해도 그 일이 이런 곳까지 쫓아올 일인가. 나는 등줄기가 오싹해지는 기분이었다. 그리고 지금 내가 놓여있는 처지를 생각했을 때 그 공포는 두 배가 되었다.

돌이켜보니 운동에 참여하던 시절 행정교섭 등을 벌일 때 '불만이 있으면 시설로 들어가라'는 말을 직접이든 에둘러서든 들은 적이 있다. 그때는 그게 가능할 리도 없고 현실감 없는 말이라 무시했다. 하지만 그럴 수 있었던 것도 운동이 있고 동료가 있다는 안심 때문이었다. 그런데 지금 나에게는 아무 것도 없다. 살아가기 위한 보장도 사회적으로 나를 보호해 줄 그 무엇도 없었다. 그야말로 나 같은 건 권력의 힘으로 간단히 매장시킬 수 있는 존재였구나 — 이루 말할 수 없는 불안이 엄습했다. 비슷한 시기에 어머니 집에도 경찰이 나에 대해 물으러 찾아왔다고 한다.

나도 어머니도 일반적인 재일조선인들과 다름없이 경찰을 끔찍이 싫어했다. 재일조선인은 일본이 자행한 조선침략의 역사를 고압적이고 권력적인 경찰의 태도에서 느끼기 때문이다. 어머니 집을 찾아간 경찰이 나에 대해 캐묻자 "그 애는 일본의 훌륭한 대학생들의 도움 덕분에 독립해서 혼자 생활하고 있습니다. 한국 같으면 생각도 못하지요. 이것만 봐도 일본이란 나라는 좋은 면이 있지요." 라고 답했다고 알려주었다.

어머니의 재치에는 감탄한 부분도 있었지만 이처럼 고립무원의 상태로 나도 모르게 감시를 당하는 느낌은 또 다시 내가 놓인 처지를 불가항력적으로 *깨닫게* 해주었다. 재일조선인이자 지역의 한 구석에서 숨죽여 살아가는 24시간 활동보조가 필요한 중증의 장애인. 결국 그것은 언제 쥐도 새도 모르게 처리 당할지 알 수 없는 처지라는 공포였다.

예를 들어 어느 날 어쩌다 보조인 없이 혼자 집에 있었다고 하자. 그곳에 구급차라도 와서 '자, 병원으로 갑시다' 하며 나를 데려간들 주변에서 나를 알지 못하고 그저 장애인이 있다고만 여겼다면 어딘가 상태가 좋지 않은 모양이라고 밖에 생각하지 않을 것이다. 또 장애인은 물리적으로도 저항할 수 없는데다 언어장애라도 있으면 더더욱 불리하다.

더욱이 재일조선인의 처지는 일본의 법률로는 보호받지 못하는 존재다. 내가 얼마나 사회적으로 불안한 위치에 놓여있는지 뼈저리게 느껴졌다. 조직운동을 한 장애인이라 해도 이름뿐이었고 결국은 내가 살고 있는 지역에 뿌리내리지 못했다는 현실. 그리고 장애인이 지역에서 자립하는 진정한 의미와 어려움을 다시 한 번 이 경험을 통해 깨달았다. 운동에 뛰어들었던 시절에는 겪어보지 못한 자립생활에서 말로는 표현할 수 없는 불안과 처음으로 직면한 심정이었다.

* 나는 나

이렇게 그때까지 쌓아온 모든 것이 사라지고 말았다. 어머니의 반대를 무릅쓰고 자립한 이상 객사를 하는 한이 있더라도 어머니나 형제들에게는 도움을 받고 싶지 않았다. 때문에 이런 상황에서도 집으로 돌아간다거나 부모형제에게 나를 돌봐 달라 부탁해야겠다는 생각은 해 본 적이 없다. 사실 하루 정도는 부탁하거나 의지해도 되었겠지만 도무지 내 머릿속에는 어머니나 형제들의 존재가 전혀 떠오르지 않았다.

하지만 아무런 말을 하지 않아도 어머니는 내 상황을 알고 있었던 것 같다. 이전보다 집에 자주 들르게 된 나에게 운동에 관해 물어온 적이 있었다. 나는 애써 태연하게 그만두었다고 대답했지만 그토록 운동을 눈엣가시로 여겨왔던 어머니가 '그 운동은 계속하는 게 좋아'라고 말해 놀랐던 기억이 있다. 어머니는 내 상황이 염려되었던 것이다.

마음이 홀가분해 질 때까지 가라앉아 있자니 이번엔 시간이 많아지기 시작했다. 그러자 지금까지 내가 얼마나 일상을 소홀히 해 왔는지 깨닫게 되었다. 운동을 할 때는 개인적인 생활 따위 사사로운 것이었으니까.

그러고 보니 나는 어릴 때부터 내가 좋아하는 것이 무엇인지 모르는 아이였다. 예를 들어 빨간 손수건과 파란 손수건을 내밀며 어느 것을 갖고 싶은지 물으면 결정을 하지 못했다. 내 마음에 물어봐도 알 수 없었다. 대체 그 색깔들을 어떻게 대해야 좋을지 몰라 머뭇거렸다.

어릴 때부터 어머니가 빨간색 계열의 옷만 입혔기에 지겹다고는 생각했지만 파란색을 입을 용기도 없었다. 반발심에 파란색 옷을 입어보기도 했지만 실은 어느 쪽이 좋은 지는 나로서도 알지 못했다. 그리고 마음속으로 그런 나에게 굉장한 열등감을 느꼈다.

이참에 아예 내가 하고 싶었지만 하지 못했던 일, 진심으로 몸이 원하는 일만 해야겠다고 마음먹었다. 차츰 좋아하는 음악콘서트나 영화, 춤 공연 같은 무대를 보러 다니기 시작했다.

돌이켜 보면 장애인운동으로 하루를 시작해 운동으로 하루가 저물었으니 나만의 세계를 갖는다는 건 금기에 가까운 일상이었다. 현실적으로도 휠체어를 탄 채 지하철에 한 번 승차할 때마다 싸우지 않으면 못 타는 시절이었기에 어쩔 수 없는 일이었다.

또한 얼마 전 집근처에서 겪은 경찰사건을 계기로 재일조선인 장애인이 자립생활을 한다는 것이 얼마나 위태로운 일인지 강한 위기감이 느껴졌다. 이 위기감이 내가 사는 지역의 의미를 다시 생각하게 한 계기가 되었다. 고립무원 상태로 장애인이 지역에서 자립생활을 한다는 건 어떤 의미일까. 장애인의 자립생활이란 무엇일까. 왜 그곳에 살고 있는가.

장애인들의 생활 뒤에는 언제라도 수용될 수 있는 시설이 대기하고 있었다. 그것이 위협이 되지 않으려면 자기 지역에 장애인이 사는 일을 주민들이 자연스럽게 여기도록 해야 된다. 이 상태로는 일반시민에게 장애인은 이물일 수밖에 없고 무언가 곤란한 일이 생겼을 때 즉시 시설로 보내면 된다고 생각한다. 이것이야말로 차별의 구조라 하겠지만 동료를 잃은 그때는 오로지 혼자서 그런 상황과 직면해 있는 심정이었다.

나만의 일상을 만들자. 이렇게 결정하고 나니 실제로 실천에 옮기고 동시에 주변에 알리는 일도 해야 했다. 그렇지 않으면 나는 언제라도 지역에서 매장되고 말 처지였다.

나는 전단지를 만들어 지하철역에서 승하차를 도와주는 사람들에게 나눠주기로 했다. 이 일이 내가 자립한 이후 처음으로 지역사회에 나를 알리기 위해 시도한 첫 번째 접근이었다. 전단지 제목도 <내가 다가가는 방법>으로 정했다.

그리고 이 무렵부터 거리에서 '불량'한 행동을 하기 시작했다. 아무래도 오사카에서는 좀처럼 하기 어려워서 당시 나처럼 푸른 잔디 조직이 해체되면서 운동을 그만두고 힘들어하던 교토京都에 사는 친구를 찾아갔다. 내가 한큐선阪急線 가까이 살았기 때문에 교토까지 이동이 쉬웠던 이유도 있었고, 당시 말로는 다 할 수 없는 허전함을 그 친구들과 어울리면서 달래다가 결국에는 오사카에서도 발산하기 시작했다.

내가 하고 싶은 것만 하자. 그것도 대외적으로 의미 부여가 가능한 운동이나 사회적으로 의미가 있는 것들이 아니라, 음주 보행을 한다거나 디스코텍에 가서 휠체어를 탄

거리에서 '불량소녀'로 지내던 시절 디스코파티에서.(중앙이 저자)

채 신나게 춤을 추거나 영화와 공연감상 같은 '놀이'를.

이 무렵은 활동보조인들과의 관계가 곤혹스러운 시기이기도 했다. 대화를 하려해도 말을 잃어버린 상황이라 굳이 대화할 필요가 없다는 생각도 했지만, 역시 서로 마주해야 하는 시간이 거북해서 그 자리에서 도망치고 싶었는지도 모른다.

* "가고 싶으면 당장 가버려!"

어느 날, 늦은 밤까지 스낵바에서 술을 마시고 있었는데 활동보조인이 "여긴 싫어. 집에 갈래." 라고 말했다. 그녀를 위해 미리 말해두지만 그저 한 번 투덜대 보는 어린애 같은 보조인이 아니라 착실한 성인이자 언제나 나의 놀이를 어느 정도는 함께 해주는(그런 사람이 아니면 애초부터 엉망으로 노는 일은 꿈도 못 꾼다) 사람이었다. 그동안 그녀도 마음속에 쌓인 부분이 있어 그렇게 말했겠지만 그 당시 어떤 의미에서는 내 쪽이 더 쌓여 있었다.

나도 모르게 그녀가 가겠다는 말에 평소에 쌓인 울분이 한꺼번에 터져 나왔다. "가겠다고? 네 멋대로?" 찰싹! 무심코 손으로 그

녀의 얼굴을 후려쳤다. "가고 싶으면 맘대로 해. 네가 가든 말든, 난 내가 하고 싶은 대로 할 거야. 가고 싶으면 당장 가버려!"

주위에서 말려주었기에 일단 상황이 진정되긴 했지만 이런 얘기 평소에 속 시원히 하고 싶어도 할 수 없는 말이었다.

'중증장애인은 보조인에게 목덜미가 붙들려 있다'는 A씨의 말이 가슴속에서 쿵쾅거렸다. '내가 하고 싶은 것만 하자' 결심했지만 중증장애인이 수용할 수밖에 없는 일이 타인인 보조인과의 타협이다. 결국 다람쥐 쳇바퀴 돌 듯 끝이 나지 않는 얘기지만 나는 그때 무언가가 반드시 필요한 이의 주장이 우선이니 그 방법 밖에는 없지 않겠냐며 그녀에게 퍼부어댔다. A씨의 말에 비로소 결론을 내고 만 것이다.

예를 들어 이 경우에 보조인이 정말 가고 싶다면 가는 수밖에 없다. 그럼에도 나는 계속 술을 마시고 싶기 때문에 남을 것이다. 현실적으로 그 순간 무언가를 필요로 하는 이의 욕구가 이기는 거다. 장애인이니 비장애인이니 그런 건 관계없다. 그 순간의 '자신'과 하고 싶은 행위의 필요도를 따져 상대에게 양보하기도 하고 양보할 수 없기도 한다. 단지 그뿐이다. 이때부터 나는 그렇게 생각하기로 했다.

이처럼 단지 그뿐이라 여기게 된 건 나로서는 굉장한 발견이었다. 그동안 내가 해왔던 운동과는 차원이 다른 발상이었다. 장애인과 비장애인이라는 위치는 아무 관계없다. 사람은 체계적인 가치관에 따라 행동하지 않는다. 그 순간의 실감이나 충동 쪽이 더 크다. 이건 커다란 발견이었다.

그 후 연극을 하면서 보다 더 큰 목적을 위해서는 자신의 욕구만 내세워서는 해결이 안 되는 일도 있다는 걸 깨닫긴 했지만 이 당시 나로서는 '그 순간의 욕구가 강한 쪽이 이긴다'는 결론이 필요했다. 그리고 이 생각은 이후로도 나의 생활방식에 적용되어 갔다.

어떻게 살고 싶은가, 나는 어떻게 하고 싶은가, 그런 다음에 타인과 어떻게 관계를 맺고 싶은가. 한 개인에게 어떤 일에 대한 순간의 필요도가 얼마나 높은지에 따라 결과는 저절로 가야 할 곳으로 가게 된다. 그렇게 나는 이른바 '있는 그대로'의 생활방식을 찾아냈다. 그리고 이 무렵 어떤 이유에선지 알 수 없지만 내 안에 오키나와沖縄가 들어오기 시작했다.

* 오키나와—재생의 여행

1979년 12월. 핫토리服部에서 그때까지 살았던 건물이 철거되어 이사를 하게 되었다. 내게는 무엇 하나 좋은 기억이 없는 곳이다. 심기일전, 한시라도 빨리 그곳에서 벗어나고 싶었다. 새 집은 친구가 사는 곳 근처에 얻었다. 쓸쓸할 때는 역시 친구를 의지하는 게 제일이다.

이번에야말로 내가 살 집을 직접 찾고 싶어서 처음으로 부동산을 돌아다녔다. 막상 해보니 생각보다 어렵지 않게 다섯 곳 정도 돌아본 후 원하던 집을 찾을 수 있었다. 처음으로 욕조가 딸려있는 집이었다. 그리고 나는 새 집으로 옮기자마자 3개월 일정으로 오키나와 여행에 나섰다. 1979년도 끝나갈 무렵인 12월 29일에 오키나와에 도착해야 했기에 고베神戸 항에서 페리를 타고 출발했다. 내가 스물여섯이 된 해다.

내 마음속에 오키나와가 부상하기 시작한 것이 언제였는지는 확실하지 않다. 다만 오키나와 여행을 통해 넓은 의미에서 당시 내 상황이나 사회적 위치를 되돌아보고 싶었던 것 같다.

나의 위치 — 재일조선인, 즉 일본과 한국 사이의 존재. 그리고 푸른 잔디가 해체되는 혼란 속에서까지 나를 압박했던 뇌성마비 장애인과 비장애인 사이에 존재하는 나.

운동을 그만둔 후 내 안에는 갖가지 생각들이 뒤섞여 착잡했다. 그 중에 가장 먼저 의식 한 것이 내가 처한 '경계성(間性)'이다.

나는 누워만 지내는 심한 중증도 아니고 언어장애도 없다. 단적으로 말해 CP장애인도 아니다. 푸른 잔디의 논리에 비춰 말하면, 순수하게 장애인의 존재를 체현하는 건 오로지 비장애인과 가장 거리가 먼 CP장애인뿐이라 그 외 장애인은 비장애인 사회로 포함되기 쉬워 장애인운동의 발목을 잡을지 모르는 장애인이다. 그런 의미에서 나는 어중간한 장애인이다.

하지만 폴리오(소아마비)치고는 장애가 심하고 어쩌다 중증으로 살아남아서 사회적으로는 어디에도 포함되지 못하고 튀어나와 있는 장애인이다. 나는 비장애인 사회에도 장애인운동에도 들어가기 어려운 위치에 있었다. 이건 운동이 좌절되는 과정에서 신물이 날 정도로 통감했다. 그리고 그 경험은 또 다른 나의 '경계성'으로 연결될 수밖에 없었다. 바로 '재일조선인'이라는 존재다.

나도 그랬지만 해방 후 일본에 남은 대부분의 재일조선인은 일본 이름으로 살아간다. 그리고 모국인 한반도와의 접점은 차단당한 채 지나온 역사를 제대로 배우지도 못하고 자신의 출신을 감출 것을 암묵적으로 강요당하며 살아간다.

나는 일본인이 아니라고 생각하면서도 일본어밖에 할 수 없고, 일본인처럼 행동하고, 일본 이름으로 불린다. 즉 재일조선인은 확고한 자기 정체성을 갖지 못하는 상황에 놓여있다. 이 모든 내 처지를 생각하면 그저 가만히 태평하게 지낸다는 건 있을 수 없는 일이다. 그 무엇도 하고 싶지 않다면 안하는 대로 내 삶의 방식을 정해야만 했다.

내 안에서 온갖 물음들이 복잡하게 뒤엉켰다. 우연히 장애인운동을 알게 되었기 때문에 자립생활을 할 수 있었을까? 앞으로 진정한 의미에서 스스로 살아가려면 어떻게 해야 될까? — 이런 물음들을 파고드는 과정에 일본과 한국, CP장애인과 비장애인, 어느 쪽과도 거리가 생기고 마는 나의 '경계성'이 집요하게 걸림돌이 되었다. 그리고 지금의 내 상황과 닮은 장소라는 직감만으로 오키나와를 떠올렸고 그곳에 가는 일이 현재 나에게 필요하다고 느꼈다.

이사를 하기 전 여름이었다. 운동을 하던 시절에 알게 된 비장애인 여성 둘이 마침 우리 집에 묵게 되었다. 이들도 목표로 삼았던 일에 좌절을 맛본 후 아예 가재를 정리해 필요한 것만 승합차에 싣고 오키나와로 간다고 했다. 한동안은 작은 아파트를 빌려 그곳을 기점으로 방랑여행을 하러 곧 떠날 거라고. 이야기를 나누는 동안 자신들과 함께 3개월만 여행을 해보지 않겠냐고 했다. 정말 간절히 원하면 이루어진다더니 오키나와 여행이 운 좋게도 현실이 되었다.

대상은 달랐지만 나도 그녀들도 일단은 좌절을 맛본 공통점이 있었고 장애인과 비장애인의 공생이라는 이상을 일상 속에서 형태를 바꿔 시도해 보고 싶었다. 이런 생각이 서로를 선택하게 한 부분이 있다. 그렇기에 더더욱 운동의 형태로는 생각할 수 없는 일상을 함께 하며 여행을 해보자는 말에 자못 버거울 것 같은 이 도전에 나서보고 싶어졌다.

그리고 기대했던 대로 아니, 그 이상으로 오키나와는 나에게 커다란 힘이 되었다. 마음속으로는 가능하기만 하다면 모국인 한국에 가보고 싶기도 했지만 한편으로 그리 쉽게 갈 수 없는 자이니치(在日)의 복잡한 심정이 있다. 이런 나와 한국을 연결하기 위해서라도 일본이면서 일본이 아닌, 독자적 역사를 가졌고 최근에는 미국과 일본 사이에서 농락당해온 오키나와가 필요하다고 생각했다.

그곳에서 나는 완전히 오키나와의 포로가 되어버렸고 그 후로도 3, 4년은 연달아 오키나와를 찾아갔다. 많을 때는 1년에 두 차례, 평균적으로 한 번은 반드시 갔다. 외딴섬 구석구석까지 빠짐없이 다녔는데 특히 마음에 든 곳은 야에야마八重山군도에 있는 이리오모테西表 섬과 하테루마波照間 섬이다.

도회지의 병원 또는 시설 안에서만 지냈던 나에게 자연은

오키나와에서. 오른쪽에서 두 번째가 저자

동경해 마지않는 곳이었지만 장애인은 쉽게 다가갈 수 없는 존재
였다. 그런데 오키나와의 자연은 곳곳에서 나를 푸근하게 맞아주
었다. 태어나 처음으로 가까이 접하는 자연 그 자체였다.

또 신기하게도 오사카에서 멀리 떠나와 전혀 다른 시간으로의
여행이 계속되자 차례차례 그간의 나의 내면을 느낄 수 있는 꿈
을 매일 꾸었다.

맨 처음 꿈은 장애인운동과 관련된 꿈이다. 여전히 의식이 그
곳에 머물러 있어서였을 것이다. 그 다음으로는 아직도 내가 시
설에 있는 꿈이었는데 상당히 여러 번 반복되었기 때문에 거기서
보낸 시간들이 준 영향이 크다는 것에 새삼 놀랐다. 그리고 여행
이 끝나갈 무렵 드디어 당시 현실이 꿈에 나타나기 시작했다.

모든 것이 여행이 끝나는 지점과 맞아 떨어지게 하려는 듯 매
일매일 선명한 꿈을 꾸었고 그렇게 조금씩 회복되어 가는 신기한
체험이었다.

그녀들의 아파트는 오키나와 현 기노완宜野湾 시에 있었는데 뒤
쪽에 미군기지가 들어서 있는 곳이다. 그곳을 기점으로 가끔은
본섬 주변에 있는 외딴섬 구석구석까지 들어가 보았다.

집에 돌아오면 아무 것도 하지 않고 느긋하게 쉬었고 날씨가
좋을 때는 업혀서 옥상에 올라가 돗자리를 깔고 주워온 조개로
액세서리를 만들었다. 또 국제시장 안쪽에 있는 마켓에서 할머니
들이 파는 농작물 가운데 그날 먹을 식재료를 물색했다. 특별할
것 없는 일상과 여행의 반복. 그것은 확실히 내 안에 있는 무언가
를 치유해 갔다.

어느 날 야에야마 군도에 있는 이리오모테 섬에 갔을 때 신기

한 경험을 했다. 마류도^{マリュード} 폭포에 가보기로 하고 보트를 탔는데 더 이상 보트를 탈 수 없는 지점까지 들어갔다. 보트에서 내려 좀 더 안쪽으로 들어가니 휠체어로는 갈 수 없는 곳이었다. 하는 수 없어 둘만 다녀오라 하고 혼자 휠체어를 탄 채 남게 되었다.

주위는 온통 울창한 정글. 평소에도 혼자 있는 경우는 그다지 없었는데 게다가 갑자기 대자연 속이다. 이런 경험도 흔한 일이 아니니 억지 반 두려움 반으로 주변경치를 즐기기로 했다.

얼마 후 눈앞에 있던 커다란 나무에 떼를 지어 오르는 수많은 개미들이 눈에 띄었다. 그때부터 여러 가지 것들이 시야에 들어오기 시작했다. 멍하니 주위를 응시하다가 문득 어떤 생각이 머릿속을 스쳤다.

— 개미는 개미대로 이곳이 세계라 여긴다. 큰 나무는 나무대로 이곳을 세계라고 여긴다. 제각각 자기가 있는 곳이 세계라 여기는 유연한 삶이 존재한다. —

큰 나무의 세계에 개미가 포함되는 대소 관계가 아니라, 각자의 세계가 상대의 세계와는 관계없이 뒤얽혀 존재하고 있다는, 마치 우주관 같은 생각이 순간 스쳐갔다.

번뜩 스친 이 생각이 나에게는 굉장한 발견이었다. 지금까지 내가 보아온 일들과는 전혀 다른, 모든 생명은 우주의 힘으로 영위되는 존재였음을 비로소 깨달은 기쁨이었다. 모든 생명이 그 나름대로 다른 모든 생명과 편안히 공존하는 아늑한 상태를 처음 맛보았다.

장애인운동으로 겪은 혼란으로부터 3년째가 되어 이제야 겨우 혼란에서 벗어날 무언가를 찾아낸 기분이었다. 내 안에서 솟구쳐 오르는 활력을 그 순간 나는 분명히 느꼈다.

이 당시 오키나와에서 보낸 시간은 꿈을 통해 치유 받고 자연과 우주와의 유대감까지 느끼게 해주었다. 더불어 현재 내가 이끌고 있는 극단 <타이헨態變>의 연극 속에 담아내고 싶은 파괴·정화·재생의 우주관을 처음 접한 시간이기도 하다. 그리고 오키나와, 아마미 오오시마奄美大島 섬에 많은 친구들이 생기면서 자연을 체험하는 휠체어 서바이벌 여행에도 완전히 자신이 붙었다.

그 후 처음으로 한국에도 가게 되었다. 이 경험은 내가 '자이니치(在日)'라는 사실을 새삼 절절히 통감하게 했고, 모국인 한국에서 만난 장애인들의 생활을 직접 목격하며 지금의 내 일상이 '경제대국 일본'이라서 가능한 일이었는지 자문하기도 했고 생각했던 것 이상으로 몹시 고달픈 여행이었다. 모든 과정을 여기 옮기기는 어렵지만 오키나와 여행과 한국방문을 통해 나의 '경계성'을 뚜렷하게 확인한 셈이다.

그리고 내 안에서 무언가가 꿈틀거리기 시작했다.

7장

극단 <타이헨> 창단

* '국제 장애인의 해'가 대체 뭐야?

오키나와로 떠날 때 예정했던 체류 일정이 조금 더 늘어나 이듬해인 1980년 4월 9일에 오사카로 돌아온 후 새 집에서의 생활이 시작되었다. 그리고 같은 해 10월에 「메자시(目座視)」라는 이름의 개인 소식지를 발행하기 시작했다.

이 소식지는 조직에서 떨어져 나와 처음으로 혼자 만든 전단지 <내가 다가가는 방법>의 업그레이드판으로 새로 일상을 시작하면 다시 한 번 지역사회에 제대로 뿌리내리는 일부터 해야겠다는 반성에서 만든 소식지다.

'메자시(目座視)'라는 이름은 앉아서 생활하는 나의 시점과 서민적인 음식인 '메자시'(目刺 작은 생선의 머리 쪽을 꿰어 말린 건어물_옮긴이 주)를 혼합해 만든 조어다.

장애인의 자립생활에 대해 일반인들에게 알리는 목적을 우선으로 1호에서는 나의 일상을 소개했다. 2호까지는 활동보조인의 도움을 받아 직접 원고를 쓴 후 자가 인쇄를 했고, 3호부터는 이전처럼 내용은 손 글씨로 채우고 활동보조인이 근무하는 인쇄소에 부탁해 원가로 만들었다.

1년에 1호씩 천천히 만든 소식지여서 4호가 마지막이 되긴 했지만 내가 살았던 동네 인근 역에서 주민들에게 무료로 배포했다.

〈메자시〉 3호, 4호

우리 집 주변은 집집마다 일일이 다니며 우편함에 넣었다. 고맙게도 2호, 3호가 나오자 '우편함에 넣어줘서 고맙게 읽고 있다'며 값을 묻기도 했는데 무료라고 하니 대신 기부를 해주는 사람도 있었고, 또 감상편지를 보내오는 이도 있어서 내가 만든 소식지가 읽혀지고 있다는 보람도 느꼈다. 지금 생각해도 「메자시」는 상당히 잘 만든 것 같다.

1981년, 일본 정부는 의미를 알 수 없는 '국제 장애인의 해'라는 것을 발표했다. 우리 같은 장애인들 사이에서는 '그런 게 우리와 무슨 상관이냐'고들 말했는데 일반인들의 느낌은 그렇지 않다는 걸 차츰 알게 되었다.

예를 들어 역 계단에서 일반 승객에게 휠체어 이동을 부탁하면 그전까지는 대부분의 사람들이 말없이 도와주고 갔지만 발표가 나온 뒤로는 '올해가 장애인의 해죠?' 하며 말을 걸어오는 경우가 몇 번 쯤 있어서 우리에겐 별 것 아닌 일이 일반인들 입장에선 장애인에게 말을 걸기 쉬운 소재라는 걸 알게 되었다.

그런데 국제 장애인의 해를 홍보하는 이미지라는 게 마치 패럴

림픽(장애인올림픽)에 도전하는 선수를 응원하는 이미지 일색이었다. 예를 들어 휠체어를 탄 장애인이 공을 좇다가 멋지게 바스켓에 슛 동작을 하면 '저도 노력 중입니다'라는 자막이 나왔고 마지막에는 <정부 홍보>라는 멘트가 나오는 TV광고.

또 기계 앞에 서서 작업에 열중하는 장애인의 모습을 크게 비추고 '저도 일합니다'라는 자막과 <정부 홍보>라는 자막이 반드시 나오는 광고들이다. 모두 상반신은 장애가 없는 중도장애인(태어날 때부터 장애가 아닌 사고 등으로 도중에 장애가 생긴 경우)이 열심히 노력하는 이미지를 강조한 판에 박힌 것들뿐이었다.

농담이 아니다. '국제 장애인의 해'가 일반사람들의 커뮤니케이션 소재가 될 수 있을지 모르겠지만 가장 중요한 주인공인 장애인에 대해 뿌려지는 이미지가 너무도 획일적이다. 왜 장애인은 그토록 티 없고, 올바르고, 아름다워야만 하는지!

* '국제 장애인의 해' 따위 집어치워!

운동을 그만둔 뒤부터 길러 온 불량한 정신과 오키나와에서 받은 파워를 모두 쏟아 슬슬 세상에 독설을 퍼붓고 싶어졌다.

그해 3월, 같은 처지의 교토 친구들에게 <국제 장애인의 해를 날려버리자! '81>이라는 이벤트를 교토에서 해보자고 제안했다. 장소는 교토대학 세이부西部 강당, 이와 함께 매년 열리는 교토대학의 11월 축제 때 강의실을 빌려서 연속기획으로 장애인 축제소동을 벌이기로 했다.

필요한 비용은 조금씩 충당해 오로지 우리 장애인들이 즐길 수 있는 공간을 만들기로 하고 메인행사로는 장애인들이 주인공이 되어 강당에서 마음껏 즐길 수 있는 펑크록 중심의 콘서트를 준비했다.

여기서 나는 한 가지 시도를 해보고 싶었다. 이 시도는 그동안 여러 콘서트 등을 가보고 느낀 것에서 비롯되었다.

장애인이 일반 콘서트 장에 들어가면 보통은 그 공간에 장애인이 하나뿐이다. 그때 느끼는 주위와의 위화감. 무엇보다 제대로 비용을 지불하고 티켓을 구매했음에도 불구하고 휠체어에 앉은 채로 편안히 관람할 수 있는 보장이 없었다. 그런 장소에 휠체어를 타고 들어오는 것 자체가 이물감을 주는 것이다. 가끔은 휠체어에 앉아 있기 때문에 상당히 잘 보이는 곳을 안내해주기도 하는데 반대로 꽤 좋은 좌석 티켓을 갖고 있음에도 구석 자리나 기둥이 방해가 되어 아무 것도 할 수 없는 위치를 지정받는 경우도 있었다.

그리고 장애인은 한 명인데 수많은 비장애인들 속에 들어갔을 때 만들어지는 공간의 왜곡. 파동의 왜곡이랄까 '이물'이 일으키는 작은 파도 같은 — 그것은 장애인 본인이 만든 공간이 아니라 주위에서 무심코 그런 반응을 보이는 경우이다.

이런 경우 아예 그 상황을 역으로 이용해보는 것도 가능하지 않을까? 반대로 생각하면 주위에 끼치는 영향력 면에서 보면 우리 장애인들은 존재 자체가 그 장소의 분위기를 바꾸어 버릴 정도로 강한 힘을 갖고 있다 할 수 있다. 그렇다면 많은 장애인이 비장애인과 함께 즐길 수 있는 공간을 만들면 굉장한 일이 되지 않겠나.

장애인 자리를 아예 콘서트홀 한 가운데 만들고 일정한 숫자 이상의 장애인 무리가 마음껏 놀게 만든다. 그러면 주위에 있는 비장애인들은 흥이 깨지든가 거꾸로 평소에는 흥이 깨지는 사람도 자기도 모르게 어울리게 되든가 둘 중 하나다.

— 두 가지 경우 중 어느 쪽 상황이 전개될 것인가. 나는 그걸 시험해 보고 싶었다.

결과는 어땠을까? 내가 만들었던 소식지 <메자시> 3호에 쓴 당시 기사를 옮겨보자.

《 <국제 장애인의 해를 날려버리자! '81>이 뭐지?

우리가 하고 싶은 것을 마음껏 해보는 장애인의 자기표현의 자리라는 의미와 거기서 얻어진 결과가 장애인에게만 그치지 않고 사회 전체로 파급되어가는 이미지.

예를 들어 '날려버리자!'라는 표현도 단순히 <국제 장애인의 해>뿐만 아니라 다양한 사람들이 느끼는 화나 울분을 축적해 다른 곳으로 확산시키자는 의미입니다.

먼저 기획은 Part1, Part2 연속기획으로 Part1에서는 '날려버리자! 콘서트'를 했습니다. 기존 밴드(하쿠 류 / 키나 쇼키치 & Champloose / 미즈타마 쇼보단 / 홍영웅 외)를 섭외하고, 어디까지나 장애인이 즐길 수 있는 콘서트로 만들기 위해 교토대학 강당을 공연장으로 정하고 무대는 바닥에 설치해 휠체어를 타고도 잘 볼 수 있도록 장애인석을 가장 앞 쪽에 두었습니다.

Part2는 '날려버리자, 교토 시'라 이름 붙이고 교토대학 축제기간에 강의실 두 개를 빌려 4일간 장애인이 만든 작품(그림, 자수, 소품, 가죽공예)을 전시했고, 장애인이 처한 현실을 보여주는 연극 「신주오야꼬(心中親子 부모가 자녀와 함께 동반자살 한다는 의미_옮긴이 주)」 공연.

또 바자회, 미니콘서트, 조선요리와 타코야키 포장마차 등 우리 스스로(자기표현으로서) 뭐든 할 수 있는 장소를 만들었습니다.

과연 어떤 일이 벌어졌을까!?

'날려버리자! 콘서트'가 며칠 안 남았는데 일반인들을 모으는 마중물이 되어줄 출연진이었던 하쿠 류, 키나 쇼키치 씨가 갑자기 출연이 불가능해져 당황스러운 상황도 있었지만, 당일에는 오히려 콘서트를 성공시키자는 분위기로 전환되어 다행이었습니다. 2시 입장인데 1시쯤부터 사람들이 속속 모여들었고 예상을 훨씬 웃도는 사람들이 몰려 3시 반이 되어서야 입장이 가능해진 상황이 벌어졌습니다.

강당은 400명이 넘는 사람들로 가득 차 뒤쪽은 아예 서서 보는 이들로 빼곡했습니다. 참가자들에게는 뒷병 술을 한잔씩 돌렸고, 키나 쇼키치를 대신해 샤미센을 들고 와서 오키나와 민요를 불러준 오사카 거주 오키나와인들, 플루트를 들고 온 이가 자진해서 즉흥연주를 하기도 해 콘서트 장은 20여 대가 넘는 휠체어를 중심으로 서로 부대껴가며 신나게 춤을 춘 열기 넘치는 자리였습니다. 역시 세이부 강당으로 정한 것은 성공!

Part2는 콘서트가 끝난 지 채 일주일도 안 되어 시작한 것과 콘서트 준비에 너무 힘을 쏟은 여파도 있어서 사실 가장 공을 들여야 할 연극이 변변치 않게 끝나고 만 것에 후회가 남습니다. 그래도 4일 동안 진땀을 뺀 것에 비하면 바자회도 잘 되었고 아무튼 무사히 끝냈습니다.

— 내가 느낀 것

욕심을 부린 통산 2주에 가까운 기획을 무사히 성공시킬 수 있을까 하는 걱정도 있었지만 '뭐, 잘 되지 않겠어?' 라는 담담한 기분으로 치러낸 느낌입니다. 대표도 정하지 않아서 취재를 하러 온 기자가 "대표가 누구냐?"고 물으면 '모두가 대표'라 답하는 식이어서 그 순간 그곳에 있는 모두가 품어왔던 자기 나름의 '날려버리자!'가 모여 <국제 장애인의 해를 날려버리자! '81>을 만들어낸 것 같습니다.

(중략) 평소 같으면 장애인과는 인연이 없을 법한 철없는 아가씨부터 히피와 여성 직장인까지, 차림새도 연령도 다양한 사람들이 우리 같은 장애인이 만든 콘서트에 찾아와 열광한 것은 획기적이고 분명한 보람이 있었습니다.

이것은 작은 시도로 아직 시작에 불과합니다. 장애인의 시점·감각이 자기주장·자기표현이 되었을 때 보다 더 보편적으로 확산된다는 것을 앞으로도 저의 과제로 삼고 증명해 나가고 싶습니다. 자신의 일로 열정을 쏟는 것과 자신만 생각하는 것은 다릅니다. 자기 일에 고집스러운 사람이 좋습니다. 실제로 그것은 외부를 향하는 일과 모순되지 않다고 생각하기 때문입니다. 》

이날 콘서트는 그때까지 어디에서도 볼 수 없는 장애인과 비장애인이 하나 되어 신

〈국제 장애인의 해를 날려버리자! 콘서트 '81〉

나게 즐긴 역사적인 콘서트였다.

나는 장애인을 차별하는 세상에 독설을 퍼부으면서 한편으로는 비장애인이 이해하기 어려운 우리들 특유의 즐거움과 또 신체가 다르면 필요한 것도 다르며 그로 인해 발생되는 일상의 차이가 있음이 당연하다는 생각으로 장애인 문화를 만드는 일에 대해 고민하기 시작했다. 장애인 특유의 '표현'이란 존재가 내 사정권 안으로 들어오기 시작한 것이다. 그 시작이 <국제 장애인의 해를 날려버리자! '81> 이벤트였고 이것이 대성공했던 게 매우 컸다.

그리고 앞서 말한 것처럼 변변치 못하게 끝난 Part2의 연극에 대한 아쉬움이 2년 후인 1983년에 극단 〈타이헨〉을 창단해 다시 한 번 분출시켜보고 싶은 생각으로 이어졌다.

* 극단 〈타이헨〉의 태동

<날려버리자! '81> 이벤트가 있은 후 2년이 지난 1983년, 나는 그 당시 남았던 아쉬움을 슬슬 만회하고 싶어졌다.

<날려버리자! '81>을 통해 장애인과 비장애인이 함께 즐기는 공간은 확실하게 만들었다. 하지만 무대에서 관객을 만족시켜야 하는 입장에서 보면 우리의 역량은 거기까지 미치지 못했다. 그래서 이번엔 무대에 오르는 입장, 표현하는 입장에서 가능성을 찾아보기로 했다. 말 그대로 장애인이 무대에 서는 것, 그것이 나의 새로운 과제였다.

한편으로는 진심으로 도전하고 싶어질 때까지 기다리자는 마음도 있었다.

드디어 때가 왔다는 생각이 들기 시작한 1982년 말부터 나는 교토의 친구들을 붙들고 또 다시 부추기기 시작했다. "이번엔 우리가 무대에 올라가서 연극을 해보자."

어째서 연극이었을까? 앞에도 쓴 것처럼 이벤트에서 준비한 촌극을 어설프게 끝내고 만 것 때문에 그 설욕전을 하고 싶기도 했다. 하지만 누가 뭐래도 가장 큰 동기는 장애인 해방운동에서 맛보았던 좌절감이다. 언어만 남아 있을 뿐인 그 세계에 이젠 진저리가 났다.

언어장애가 없는 장애인인 나의 어중간함. 그 경계를 허물고 있는 그대로의 나를 표현하기 위해 아무런 얽매임 없이 마음껏 온몸을 사용해 보고 싶었다. 애초에 '장애' 자체를 받아들이게 만드는 일이 장애인 해방의 원점이자 동시에 귀결점이기도 하다. 그런데 그 수단이 장애인운동이었을 때는 아무래도 '논리'라는 언어에 의지하게 되는 자기모순. 거기서 벗어나고 싶은 욕구가 내 안에 최대한으로 차올라 있었다.

운동조직을 벗어난 지 5년. '나는 어떤 존재인가. 나는 대체 무얼 하고 싶은가'

고뇌를 거듭하며 내면으로 깊고 고요히 잠행한 끝에 드디어 현재의 내 감각과 딱 맞아떨어지는, 이 일이라면 도전해보고 싶은 내적인 필연성처럼 연극이 떠올랐다.

'연극을 하자'는 내 제안에 친구들은 '그런 소릴 하려면 네가 대본을 써. 그럼 생각해 볼게'였다. "그럼, 써보지 뭐."

그날 밤, 나는 한 번도 느껴보지 못한 흥분으로 잠이 오지 않았다. 좋아, 일단 시작해보자며 한밤중에 일어나 노트를 펼쳤다. 대본을 쓰게 되리라곤 생각조차 못했기에 지식 따윈 전무에 가까웠다. 이때까지 대본이란 걸 직접 본 적도 없는데다 어떤 형식으로 써야 되는지도 몰랐다.

우리는 보통 사전지식이 없으면 아무 것도 못한다고 생각하지만 지식을 습득하는 장소 자체가 우리 같은 장애인에게는 닫혀 있다. 그러니 그런 지식들은 의문을 품고 얻으려 덤벼들지 않으면 시작조차 할 수 없다.

내가 정말 보고 싶은 것을 만든다면 길은 저절로 열릴 것이다. 이런 기본적인 마음가짐만은 확고했기에 연극의 연자도 모르는 데에는 아무런 열등감도 없이 오히려 모르는 게 강점이라는 신념조차 있었다.

내 머릿속에 있는 이미지를 가능한 사람들에게 잘 전달되도록 해보자며 감각적인 재료들을 불러내 구체화 시키는데 집중하고 그것들을 문장으로 옮겨나갔다. 쓰다 보니 스스로도 신기할 정도로 정신이 맑아지고 힘이 솟아나는 걸 느꼈다.

그렇게 하룻밤 만에 대본을 완성해내고 말았다. 불과 대여섯 시간 동안 단숨에 써내려갔다. 지금까지 나에게 그런 힘이 있으리라고는 생각지도 못했기에 이 하룻밤 동안 벌어진 일은 경이로웠다. 이전에도 좋아하는 음악을 들으면(운동을 그만두고 나서야 줄곧 갖고 싶어 했던 오디오를 갖게 되었다) 동작이 이미지가 되어 떠오르는 일이 종종 있었다.

보이지 않는 것을 보이는 것으로 만든다. 혹시 연출가 성향이 있는지도 모른다는 생각이 문득 들기도 했는데, 설마하니 정말 내가 대본을 쓰고 연출을 하는 입장이 되리라고는 상상조차 못했다.

이렇게 대본이 완성된 것이 1982년 12월 무렵이다. 친구들과 함께 작품명을 「꽃은 향기로워도」라고 지었고 극단 <타이헨>의 첫 번째 공연작이 되었다.

당시 홍보 전단지의 타이틀은 <국제 장애인의 해를 날려버리자! Part3>로 하고 부제로 장애인 판타지 「꽃은 향기로워도」와 극단 <타이헨>을 나란히 쓰고 덧붙여서 내가 쓴 문장도 함께 실었다. (이하 옮김)

《한층 더 장애인다움으로의 회귀를 기획했습니다.

모든 사람이 장애인이 되었을 때 이 세상은 어떻게 될까요.

다정한 우리가 우리의 몸으로 여러분의 깊은 잠을 깨워드릴게요.

　침묵했으면 좋았을 일을,

　사랑과 정의라고 수긍하면 그만인 것을,

굳이 그것을 억지로 벗겨내 보여주는 이유는, 그러지 않고서는

더 이상 우리가 만나지 못하는 현실이기 때문입니다.

어리석은 우리는 결국 본심을 드러내고 맙니다.

여러분에게 가르쳐 드리고 싶어졌습니다.

우리들의 세계를.

마음껏

돌을 던져 보세요.

머리를 깨부숴 버려도 좋아요.

어떻게 하든 당신의 자유입니다.》

이처럼 전단지도 상당히 도발적이다. 지금 다시 읽어보니 장

애인운동에서 남은 앙금을 털어내고 싶어 연극에 도전하고 있었음을 알 수 있다. 전단지 뒷면에 쓴 문장의 마지막은 다음과 같이 맺었다.

《우리 같은 장애인의 육체를 표현하기에 연극은 좋은 수단입니다. 하지만 '연극'은 어디까지나 우리에게 수단이지 목적은 아닙니다. 형식에 구애받지 않고 장애인 육체의 속도감을 표현할 수 있다면 좋겠습니다.》

'장애인의 일상을 뛰어넘는 드라마는 없다' 이 무렵 나의 신념이었다.

과격한 조직운동을 경험한 장애인이 이 사회를 향해 '빌어먹을!' 하고 퍼부을 수 있는 에너지. 그것이 연극을 시작한 원동력이었다. 그렇기 때문에 더욱 장애인의 일상성(日常性)을 담으려 고집했고, '연극이 뭐 별거냐'며 형식도 파괴하고 닥치는 대로 무대에서 표현할 수 있었다.

극단 이름도 함께 의논해 <타이헨(態變)>으로 정했다. 나는 헨타이(變態)로 하고 싶었지만 너무 평범하다는 의견에 글자 순서를 바꾸어 타이헨이 되었다.

대본은 완성되었지만 도움을 줄만한 공연 관계자를 찾지 못하면 작품을 무대에 올릴 수 없다는 걸 알고 여기저기 연고를 찾기 시작했다. 당연히 도움을 요청한 곳은 일반적이고 세련된 연극이 아닌 언더그라운드 연극을 하는 여하튼 예사롭지 않은 이들이었다. 그 사람들은 분명히 흥미를 느끼고 도와주리라는 게 나의 계산이었다.

이 과정도 의외로 난항이었는데 뜻밖의 인연으로 부토(舞踏 무용가 히지카타 다쓰미를 중심으로 1950년대 후반부터 시작된 전위예술 형식의 춤_옮긴이 주)와 비슷한 언더그라운드 연극을 해온 독특한 연기자이자 이 바닥에선 명물 사내로 알려진 경증장애인을 알게 되어 그가 도와주었다.

그 사람을 제외하고는 모두가 아무것도 모르는 아마추어라 그저 의욕만 앞섰다. 게다가 모두 장애인 배우들뿐이었다. 나는 장애인운동의 후유증 때문에 비장애인과는 함께 하고 싶지 않았다. 장애인의 몸으로 승부를 걸 수 있는 것만 하고 싶었다. 만약 음향도 없고 조명도 안 된다면 몸 하나로 모든 걸 보여주자. 그것이 무대에 오르는 배우의 힘이며 무대가 가진 장점이라 생각했다.

공연 날짜는 점점 다가오는데 음향을 맡아줄 사람조차 없었지만 그다지 조바심도 나지 않았다. '초조해 해봤자 별 수 없어, 어떻게든 되겠지'

그렇게 공연 일주일을 앞두고 앞서 말한 공연 관계자에게 연락이 왔다. 음향은 자신들이 어떻게든 해보겠다고 했다. 역시 그들은 우리가 하려는 도전을 어딘가에서 지켜보며 말없이 응원해 주고 있었다. 마음이 든든해졌다.

그리하여 드디어 우리들을 몹시 아슬아슬하게 만들었던 극단 <타이헨>의 첫 공연이 시작된다.

* 창단공연 「꽃은 향기로워도」

1983년 6월 5일 교토대학 세이부西部 강당에서 낮과 밤 2회

공연. 6월 26일 오사카 텐진天神에 있는 문화센터에서 낮과 밤 2회 공연 — 이렇게 교토, 오사카 연속공연으로 극단의 출발을 알렸다.

전원이 장애인인 배우들은 우선 자신들의 일상 자체가 쉽지 않아서 공연 전까지 연습다운 연습이라곤 두세 번 정도나 되었을까. 여하튼 무대 위에서 각자가 원하는 대로 마음껏 놀다가 가면 된다는 식이었다. 연극이 뭐 별 거냐는 이런 발칙함이 나름 재미있기도 했다.

예를 들어 공연시작 시간이 다가왔는데도 배우들이 활동보조인과 함께 객석에 진을 치고 앉아서 싸온 주먹밥(그 무렵은 도시락을 살 돈이 없었다)을 먹느라 도무지 무대로 나올 기색이 없었다. 어휴, 저걸 어쩌나… 장애인의 속도를 고려하면 어쩔 수 없는 노릇이라 생각하다 눈 깜짝할 사이에 1시간 반이나 객석입장이 늦어지고 말았던 일도 있다.

당시에는 커다란 무대장치, 조명, 음향 등 무대기술을 담당한 사람은 있었지만 무대 주변을 챙기는 스태프가 없었다. 그날그날 내가 함께 있는 활동보조인들에게 지시해 무대를 움직였다. 물론 무대감독도 없었다.

지금은 장애가 있는 연기자를 안아서 무대로 나가거나 무대 뒤로 빼내는 쿠로코(黑子_혼자 걸을 수 없는 연기자가 많은 우리 연극에는 이 스태프가 반드시 필요하다) 스태프가 있어서 글자 그대로 검은 의상을 입고 연기자를 돕는데, 당시는 당일 함께 온 활동보조인에게 쿠로코를 부탁했기에 연기자를 안고 무대로 나오는 이들이 모두 사복차림이었다.

무대 뒤, 무대 위가 모두 이런 형편이었지만 객석은 성황을 이뤘고 연극도 대성공. 이듬해에는 도쿄 공연도 결정되었다.

극단 <타이헨>은 다양한 의미에서 이전까지 연극사에서 보지 못한 극적인 데뷔를 이루어냈다.

『꽃은 향기로워도』의 무대는 어둡고 깊은 바다 밑처럼 설정하고 객석 천정에는 아마미 오오시마^{奄美大島} 섬에 사는 어부 친구가 보내준 진짜 어망을 낮게 늘어뜨려 설치했다.

그리고 제1막에서 무대 전체에 펼쳐놓은 풍선들 사이로 양막(羊膜) 같은 천을 몸에 휘감고 연체동물 같은 태아로 분장한 내가 몸의 특징을 살려 굼적굼적 데굴데굴 구르기도 하고 바닥을 기기도 하며 등장했다.

나는 장애인 연극을 처음 시작할 때부터 연기자의 기본 복장은 레오타드 의상이라고 모두에게 일러두었다. 신체장애인의 신체성을 최대한 표현하기 위해서는 몸의 선이 그대로 드러나고 외부자극도 피부에 바로 전달되어 부상으로부터 몸을 지킬 수 있는 레오타드 의상밖에 없다고 생각했다. 레오타드 의상을 주저하는 배우들에게서 불만이 나오지 않도록 내가 제1막 첫 번째로 나가겠다고 했다.

이것을 마중물로 잇달아 특징 있는 신체와 개성을 가진 한 명 혹은 두 명의 장애인 배우가 무대로 튀어나가 연기를 하고 퇴장한다. 처음엔 전문용어를 몰랐는데 나중에 들으니 이런 형식을 옴니버스형식이라 했다. 또 배우들이 저마다 무대 위에서 전개해나가는 내용 또한 튼실하고 강렬했다.

한 가지 예를 들면 혼자서 보행이 가능한 CP(뇌성마비)장애인 친구가 있었는데 재미있고, 개성 넘치고, 술을 좋아하는 녀석이다. 그 친구에게 자신의 실제 일상에 약간의 연기를 가미한 주정뱅이 역을 부탁했다.

목에 타월을 두르고 머리는 까까머리에 취객으로 분장, 허름한 차림의 노동자 역할이다. 이 사내가 손에 술병을 든 채 휘청거리며 앞서 무대를 내려가던 배우를 쫓아내듯 고함을 지르며 나타난다.

"뭐야, 쓸데없는 짓들을 하고 있군." 그리고 객석을 향해,

"당신들도 뭘 보고 있는 거야. 이딴 짓거리를 볼 시간이 있으면 가서 일이나 해!"

"난 술을 안 마셔도 늘 주정뱅이로 오해를 받지. 그래서 이렇게 술을 마시는 거야. 왜, 불만 있어!"

"오호라, 다들 한 잔 하고 싶은 게로군. 좋아, 내가 모두에게 술을 나눠주겠어."

이렇게 말하고 객석으로 내려간 그가 관객들에게 술을 마시게 한다. 피하는 사람에게는 "내 술이 먹기 싫은 게야!" 하고 소리치며 억지로 관객의 입에 술을 붓다가 쏟기도 한다. 그 외에도 심한 언어장애에 휠체어를 타고 무대로 나온 장애인의 끝없이 이어지는 격앙된 선동까지….

만사가 이런 식으로 모두들 제각기 하고 싶은 대로 마음껏 쏟아냈다.

우리는 '장애' 자체를 역으로 이용하고, 관객들은 우리의 의도대로 따를 수밖에 없이 놀잇감이 되는, 관객 입장에선 재난상황

이라 느낄 수밖에 없는 곳으로 내몰려 이게 끝이 아닌가 초조해하며 장애인이 쏟아내는 지독한 독설의 총알받이가 된다.

이런 형식은 그때까지 평범한 연극을 보아 오면서 장애인의 일상보다 더 극적인 것은 없다는 생각에서 출발했다. 장애인밖에 느낄 수 없는 일상성을 추출해내 좀 더 리얼하게 가공한 것이다. 미리 짜여진 것이 아니라 진실과 과장 사이의 아슬아슬한 긴장감이 보는 이로 하여금 빠져들게 만드는 연극을 해보고 싶었다.

게다가 평소 우리 같은 장애인들은 사회로부터 일방적으로 원치 않는 시선을 받는 입장이다. 그렇다면 무대와 관객의 위치를 역전시켜서 일방적으로 무대 위 배우들이 관객들에게 달려들어 낱낱이 훑어보는 시점의 역전을 시도해보고 싶었다.

기이한 모습의 장애인이 곡예단에 팔려가 구경거리로 살아가는 얘기는 불과 얼마 전까지 있었던 이야기다. 그런데 그런 구경거리는 일반적으로 비장애인이라 할 이들에게나 구경거리지, 장애인 같으면 오히려 보려고 조차 하지 않는다.

반면에 이런 일들이 아무리 사회적 산물이라 하더라도 '색다른 것을 보고 싶은' 마음은 인간의 본능적 심리이기도 하다. 그렇다면 그 심리를 거꾸로 이용하지 못할 이유도 없다. 아예 철저히 구경거리가 되어주자. 그 대신 우리를 쳐다보는 그 시선을 당신들에게도 돌려주마. 그렇게 함으로써 상대를 놀잇감으로 여기고 있는 심리를 스스로 들여다보게 만들면 된다 — 이것이 나의 의도였다.

비장애인을 위한 구경거리가 아니라 우리의 의지로 구경거리가 되어주자. 그러면 결과적으로 구경거리가 된 이들이 무대 위에서 모두를 구경하는 구도가 되는 셈이다.

그렇게 무대 위에서는 다양한 가공생물과 인간드라마가 펼쳐진 후 마지막으로 배우들은 일제히 갓난아기의 울음소리와 함께 무대에서 구르며 새로 태어나게 된다.

마지막 장면은 이제까지 무대 위를 기거나 구르던 배우들이 격하게 연주되는 가믈란(타악기 중심의 인도네시아 전통 기악연주_옮긴이 주) 음악과 함께 관객들 쪽으로 차례차례 뒹굴며 내려온다. 무대 위에서 수 십 명이 뒹굴며 내려와 객석 사이사이로 흩어져 들어간다. 눈앞으로 쏟아져 내려오는 그들을 보며 관객들이 당황하는 사이 잇달아 객석으로 침입해 들어가는 배우들 때문에 객석은 이내 소란스러워진다.

바로 그때, 천정에 드리워져 있던 어망이 떨어지면서 배우도 관객도 모두 그물에 갇히고 완전히 어두워진 공연장 안에는 갓난아기의 웃음소리만이 무심하게 울려 퍼지며 막이 내린다. ─『꽃은 향기로워도』는 이런 작품이었다.

나는 분명히 이 연극을 우생사상을 저격하는 작품으로 만들고자 의식했다. 누군가가 아무리 막으려 해도 사회의 '이물'로서 배제당하는 존재는 끊임없이 세상에 태어난다. 바다 밑처럼 보이는 심해 이미지는 그 자체로 자궁을 상정한 것이기도 했다. 그곳에서 각양각색으로 전개되는 인간 군상들은 아직 태어나지 않은 태아들의 꿈이다. 그것들에 포위되면서 침식당해 가는 것이 사회라는 곳이 아닐까.

* '이왕 할 바에는 메이저가 되자'

공연 전단지 내용처럼 당시엔 나 스스로도 극단을 계속하는데 그다지 큰 의미를 두지 않았다. 연극이란 형태로 시작은 했지만 배우들이 단원처럼 고정되는 게 아니라 한 차례 공연이 끝나면 해산하고 다시 연극을 하게 되면 원하는 이들만 참여하는 일회성으로 하고 싶었다.

이것도 역시 장애인운동을 하면서 맛보았던 조직에 대한 거부감에서 비롯되었다. 사람이 세 명 이상 모이면 역학관계가 생겨 조직이 된다. 도당을 만드는 일은 더는 하고 싶지 않았다. 의미 없이 서로에게 상처를 주거나 정당성을 운운하는 것도 신물이 났다. 마지막까지 책임을 진다는 건 바보를 보게 될 뿐이다. 가능한 어영부영 하고 싶은 것만 하고, 스스로 책임지지 않는 대신 남에게도 강요하지 않으며 '서로 원망하기 없기' 같은 관계이고 싶었다. 이런 주먹구구식 대처가 연극에서는 아직 통한다고 생각한 부분도 있다.

내가 하고 싶은 얘기는 작품과 연출로 분명히 보여줄 수 있었다. 거기에 합류할지 안 할지는 배우들 자신의 판단에 달려 있었다.

그리고 일단 합류한 이상은 일치단결해서 연극에 몰두하고 끝난 후에는 흔적도 남기지 않는다. 그거면 된다. 옳다거나 그르다거나, 정론이라거나 이데올로기가 아니라 재미있는지 없는지 각자의 느낌만으로 움직이고 또 그러기를 바랐다. 우연히 내가 그 일을 재미있다고 느껴 모두에게 제안하는 그런 개인과 전체의 관계. 연극이라면 가능하다. 이전까지 조직운동을 하면서는 느낄 수 없었던 것을 연극 안에서 발견한 것 같아서 나와 잘 맞는다는 생각이 들었다.

그러던 중 도쿄에 있는 타이니·아리스라는 소극장에서 열리는 아리스·페스티벌에 참가하지 않겠냐는 제안이 들어와 어떻게 하면 좋을지 단원들과 의논해야 했다. 요컨대 일시적인 프로젝트 극단으로 할 셈이었던 공연이 매스컴에 알려지면서 '창단공연'이 되고 말았고, 또 공연결과도 상당히 좋은 반향을 얻었기에 앞으로 어떻게 해나갈지를 고민할 수밖에 없게 되었다.

생각해보니 나는 장애인의 신체표현에서 가능성을 보았는데 다른 사람들은 거기까지 생각하지 않았다. 재미있는 이야기가 있으면 달려드는 것이 인지상정이지만 도쿄까지 가서 공연을 하게 되면 어떤 의미에서는 그만두려 해도 그만둘 수 없는 상태가 된다. 게다가 어쩌면 매스컴은 장애인이 먼저 나서서 구경거리가 되어주는 흔치 않은 기회라며 알 수 없는 부추김을 하는 것일지도 모른다. 진심으로 거기까지 우리가 하는 일에 책임을 질 수 있을까. 그에 대해 단원들의 의견을 듣고 싶었다.

모두들 침묵하는 가운데 근육위축증(온몸의 근력이 서서히 약해지는 진행성 근육병) 장애가 있는 K군이 가장 먼저 입을 열었다. K군은 내가 '푸른 잔디'에서 빠져나와 만든 <갈대의 모임>을 해체할 때까지 함께 했다. 그는 창단공연 때에도 독특한 캐릭터와 진지한 개그로 일약 인기배우가 된 인물이다.

"목표를 정할 거면 난 메이저가 돼야 한다고 생각해. TV를 켜면 <타이헨>의 배우가 광고에 나온다든지, 이왕 하는 거 철저히 메이저를 목표로 삼아야지."

그의 말은 그때까지 골머리를 싸맸던 내 생각을 대신하는 말이었다. 이야기가 이쯤 되면 '여기까지 와버렸으니 갈 수 있는 데까지 가보자'는 마음이 생기는 법이다.

이렇게 해서 다 함께 도쿄에 가기로 결정했다.

그러나 1984년 5월로 예정된 도쿄 타이니·아리스 소극장 공연까지 기다리지 못하고 그해 2월, 단원들을 결단하게 해준 K군이 불귀의 객이 되고 만다.

K군은 창단공연 당시에도 교토 공연부터 오사카 공연까지 불과 20일 사이에 교토 공연에서는 가능했던 동작을 오사카 공연에서는 할 수 없게 되었다. 그 정도로 그의 근육위축증은 진행이 빨랐던 것이다. 정말로 그는 도쿄에 갈 수 있다고 생각했던 것일까. 그는 그저 단원들을 보내려고 한 말일지도 모른다…. K군을 잃은 채 우리는 도쿄 공연에 나섰다.

이렇게 우리는 언제든 연극 따위 그만둘 수 있다고 하면서 창단공연 후 1년이 채 안되어 도쿄에서도 첫 공연을 하게 된다.

1984년 5월 11일, 12일, 13일. 신주쿠에 있는 아주 작은 극장인 타이니·아리스에서 공연이 시작되었다. 1일 1회, 총 3회 공연을 매회 객석이 꽉꽉 들어차 서서 보는 관객과 입장하지 못해 하는 수 없이 돌아간 관객이 있을 만큼 대성황으로 끝냈다.

이 당시 공연에 대해 '어둠 속의 관능·꿈같은 시간'이라 감상을 쓴 사람도 있었다. 그리고 오사카로 돌아와서 같은 해 12월에 오사카 부府의 의뢰로 『꽃은 향기로워도 Ⅱ(도쿄 편)』을 1회 공연했다.

이듬해인 1985년 6월 22~23일 이틀간 K군이 생전에 살았던 스이타시吹田市의 해체되기 직전인 시민회관에서 그를 추모하는 공연 『* '쿠요쿠요'라는 게릴라가 있다네』를 무대에 올렸다.

* 쿠요쿠요(クヨクヨ 걱정이 많은 모습 또는 끙끙거리는 소리를 뜻하는 부사어_옮긴이 주)

* K군 — '게릴라 쿠요쿠요'

근육위축증 장애가 있는 K군은 나처럼 24시간 활동보조인과 함께 자립생활을 하고 있었다.

근력저하가 현저해 혼자 힘으로는 가래를 뱉어낼 수 없게 되자 K군은 지역 행정당국 복지과에 흡입기 지급을 신청했다. 그런데 담당자가 그런 지급제도는 없다며 그의 요청을 듣지 않고 돌려보냈다.

그러던 어느 날 그는 목에 차오른 가래를 뱉어내기 힘든 상황이 되었다. 당황한 활동보조인이 구급차를 불렀고 구급대원이 흡입기로 가래를 제거했지만 때는 이미 늦어버려 그 상태로 의식이 돌아오지 않은 채 세상을 떠났다.

이 사실을 알게 된 극단 멤버들과 K군의 친구들은 어이없는 행정당국의 대응에 분노하며 해당 복지과로 몰려갔다. 그러자 놀랍게도 위급상황일 경우 복지의료기구 대여제도가 있음에도 불구하고 담당자의 태만으로 제대로 알아보지도 않은 채 그런 제도가 없다며 제공하지 않은 사실이 발각되었다.

사회적으로 약한 처지의 사람이 생명의 위기를 느껴 요청한 호소가, 대처해야 할 책임이 있는 행정기관 창구업무를 담당한 일

개 직원의 단순한 태만으로 어이없이 묵살되고 말았다. 그야말로 행정기관 담당자에게 죽임을 당했다 해도 좋을 K군의 죽음이었다. 우리는 이것이 자립생활을 하는 장애인의 현실이라는 생각에 분노를 감추지 못했다.

1년에 걸쳐 행정당국에 항의한 끝에 결국 시 당국이 잘못을 인정하고 사죄했다. 그 결과로 우리는 스이타 시에 장애인 페스티벌을 개최하게 만들었다. 거기서 공연한 작품이 K군을 추모한 『쿠요쿠요라는 게릴라가 있다네』였다.

'게릴라 쿠요쿠요'는 K군의 배역명이다. '항상 설사를 하느라 끙끙거려서' 지은 이름이라 했다. 그의 살아있는 풍자가 이 이름에서도 느껴진다.

사실 이 시기 나는 임신 4개월의 몸이었다. 추모공연 하루 전쯤 진찰을 받았을 때 초음파로 태아가 보이지 않으면 수술을 해야 한다고 했다.

나는 내 몸에 임신이라는 사태가 벌어지리라고는 생각지도 못했다. 그 당시 사귀던 남자가 아이를 갖길 원했지만 말도 안 된다고 생각했음은 물론이고 앞에서도 쓴 것처럼 아이를 갖는 인생 같은 건 나로서는 생각할 수 없었다. 그런데 어쩌다 임신을 하고만 것이다.

아무리 아이를 가질 생각을 하지 않았더라도 실제로 아이가 생기면 쉽게 포기한다는 생각을 하기 어려운 일이다. 임신하면 내가 죽는 것 아닌가 생각했는데 그런 기미도 없었다. 다만 애초에 내 몸의 변형이 워낙 심해서 뱃속에 태아가 안주하고 자랄 수 있는 공간이 있을지 걱정했는데 그럼에도 불구하고 임신이 됐다는

애기는 의외로 앞날에 대한 걱정을 안 해도 될지 모른다는 생각
이 들었다.

　실제로 너무 건강해서 도무지 나로서도 어이가 없었지만 임신
을 한 이상 도리가 없었다. 자연스레 시간이 지나면 아기가 태어
나든 유산이 되든 자연스레 결정될 일이니 이 사태를 순순히 받
아들이는 쪽으로 몸도 마음도 향했다. 그리고 초음파로 태아가
보이지 않거나 사라지는 경우가 생길 수 있다는 의사의 염려도
무사히 태아의 모습이 나타나 일단 안심이 되었다. 이렇게 임신
4개월의 몸으로 무대 연출도 출연도 무사히 끝낼 수 있었다.

　『쿠요쿠요라는 게릴라가 있다네』는 장애인이 지역사회에서 겪
는 곤란함을 테마로 했다. 도입부에서는 '아프리카의 우는 여인'
음악에 K군이 의식불명으로 병원에 실려 가던 날 내린 '눈'을 상
징하는 조명효과를 입혔다.

　여기에 시 담당자의 "흡입기 대여제도는 없습니다….".라는 일
방적인 전화응대 목소리를 흘려보냈다. 또 붐비는 거리를 오가는
사람들의 발걸음을 백스크린에 커다랗게 비추고 그 앞에서는 배
우가 꿈틀거린다. 이윽고 모양만 그럴싸하게 만든 거대한 신사구
두를 신은 발과 여성의 하이힐을 신은 발이 하나씩 등장해 꿈틀
거리는 배우를 짓밟는다.

　이처럼 사회에 대한 고발적 의미를 담은 이미지 장면을 많이
넣었는데 우리가 K군에게 보내는 최소한의 전별사였다.

　생전의 K군은 자주 나에게 "만리 씨는 서커스단 동물 조련사
같아. 재주를 부려! 묘기를 부려 보라니까! 하며 채찍을 휘두르
죠." 라고 말했다. 그런데 실제로는 창단 공연 당시 그가 왼쪽 절

반의 머리카락을 완전히 밀고 나타나 얼굴과 머리에 거대한 공룡의 반점을 그려 넣고 무대에 올라갔는데 내가 지시한 분장이 아니었다. 전부 K군 스스로 각색해서 완벽한 캐릭터를 만들어낸 것이다. 이 공연에서 그의 배역은 킨지스사우르스라는 이름의 공룡이었다. 다시 생각해 봐도 그가 그토록 철저하게 공연을 즐겼던 모습은 과연 훌륭했다는 생각이 든다.

생전에 K군이 보여준 인간미가 한 사람 한 사람의 마음에 남아 그의 죽음을 진심으로 애통하게 했고, 그의 허망함을 풀어주고자 1년간 행정당국을 상대로 끝까지 싸울 수 있었다. 그리고 극단 <타이헨>이 처음 도쿄 공연을 하기로 정했을 때 그가 했던 말은 지금도 여전히 <타이헨>의 정신으로 살아있다.

이렇게 K군의 추모공연이 끝난 후 나는 출산휴가에 들어갔다.

8장

우주의 시간

* 아기가 태어나다!

그야말로 나에겐 청천벽력 같은 일이다. 계획대로라면 나의 인생 안에 들어올 리 없었던 존재가 '아이'였다. 그런데 생기고 나니 자연스레 받아들인 내가 스스로도 신기할 따름이었다.

어릴 때부터 줄곧 의료행위만 받아 온 내가 아기가 생기자 내 발로 다시 의사를 만나러 가야 했다. 어쩌면 내 목숨과 직결된 문제일수도 있기 때문이다. 앞서 말한 것처럼 관념적인 이유도 많았지만, 실제로 아기를 원하지 않았던 가장 큰 이유가 바로 그것이었다.

또 장애인운동이 붕괴될 때 여성장애인들이 아이 갖는 일에 연연하는 모습에 강한 거부감을 느끼는 내가 있었다. 아이는 절대 갖지 않겠노라 그토록 다짐했으면서 이제는 내 의지로 아기를 낳으려 했다. 출산에 대한 걱정도 있었지만 무엇보다도 아기를 낳은 후 활동보조인들과의 관계가 어떻게 달라질지 몰라 불안했다.

하지만 그런 걱정조차 무색할 만큼 내 안에 또 다른 생명이 자라고 있다는 감각에는 저항하기 어려웠다.

나는 세상 사람들이 말하는 '보통은 그렇다' 혹은 '이렇게 되어야 마땅한' 모든 것들에 의문을 갖고 있었다. 아기를 낳는 일은 그 중에서도 가장 어려운 문제다. 어쨌든 이렇게 된 이상 세상에서 말하는 일들을 어디까지 믿어도 되는지 직접 겪어보고 싶기도 했다. 아기를 가지면 사람의 심리가 대체 어떻게 달라져 가는지 똑똑히 확인해보자고 마음먹었다.

일단 나는 임신한 것 때문에 절대로 죽고 싶지 않았다. K군의 추모공연이 임신 4개월 때였다. 4개월까지 아무 일 없으면 이후로는 태아가 안정된다고 했다. 무대를 운영하면서도 어떻게든 이때까지 버텨왔으니 앞으로는 절대안정을 취하며 쉬는 것이 우선이라 생각해 임산부 생활을 시작하기로 했다.

다행히 의외로 건강한 임신이었다. 이전보다 혈액순환도 잘 되었고 늘 부어있던 다리는 완전히 붓기가 빠져 '신기하네, 내 다리가 이런 모양이었구나.' 했을 정도로 몸도 가뿐하고 상태가 좋았다. 사실 이때까지 나는 땀이라는 걸 흘려본 적이 없어서 땀이 나는 몸을 항상 동경했는데 임신을 하자 땀도 나오기 시작했다. 그 후로는 땀을 흘릴 수 있는 몸이 되었다.

음식은 되도록 육식은 피하고 철분 부족에 유의하라는 의사의 말대로 전부터 먹고 있던 현미밥 식단에 검은 깨 페이스트는 빼놓지 않고 섭취하는 등 건강관리를 위해 세심하게 신경을 썼다.

또 한 가지 효과를 본 것은 침구치료였다. 임신 중에는 가능한 설사는 피해야 한다. 유산될 우려 때문이다. 일반적으로 임신을 하면 변비가 생기거나 치질로 고생하는데 침구치료는 치질에 효험이 있었다. 나는 제왕절개를 했기 때문에 출산 후에 골반수축이 잘 되지 않고 치골 간격도 수축되지 않아서 장시간 앉아있으면 통증이 생겼는데 그것도 오랜 시간을 들여 침 치료를 받은 덕에 눈에 띄게 회복되었다.

이처럼 몸에 무리가 가지 않는 다양한 방법을 동원해 출산 준비에 만전을 기했다. '저의 건강 유지 비결은 임신이에요' 라고 말할까 생각했을 만큼 몸 상태가 임신 전보다 훨씬 좋아져서 정신적으로도 안정감을 느꼈다. 혈액이 태아와 내 몸을 순환해서 그런지 만사에 아무런 구애도 받지 않는 경지에 이르러 있었다. 아무리 심각한 생각에 집중하려 해도 이내 천진난만해져 좀처럼 깊은 사고가 안 되었다.

아기가 뱃속에 있으니 마치 알을 품고 있는 것처럼 포근했다. 내가 태아를 품고 있다기보다 양수 속에서 내 몸이 따끈따끈 데워지는 것 같아서 굉장히 기분 좋았다. 정신적으로는 최고의 시기였다. 그리고 내 몸이 태아를 보호하고 있을 뿐만 아니라 나도 태아에게 보호받고 있음을 느꼈다. 아기가 뱃속에 있는 한 나에게는 절대로 재난 따위 일어나지 않을 것 같았다.

도대체 아기는 이토록 변형이 심한 내 뱃속 어디에 지낼 곳을 찾았을까 궁금했는데, 제법 능숙하게 자리를 잡았는지 산달이 되어 만난 친구에게 "어머, 벌써 낳았어?" 라는 말을 들을 정도였다. 남들보다 내 배가 원래 크기도 했지만 그 이상으로 배가 더 나오지는 않았다. 기적 같은 일이다. 워낙 척추의 변형이 심해 옆으로 눌리고 비틀려 있어서 '내장들이 어디에 어떻게 들어있는지 용케도 자리를 잡았다' 고 생각할 정도였으니까. 그 속을 헤치고 눌리지도 않은 채 아무 트러블도 없이 출산까지 견뎌준 게 경이로웠다.

그렇게 열 달을 채우고 1985년 12월 19일, 제왕절개로 출산하는 날을 맞았다. 내가 32살이 되었을 때다. 전신마취를 하고 분만

실에 들어가 수술을 받았다. 어릴 때 장애아 시설에서도 한 차례 전신마취를 해보았으니 이 때가 두 번째다.

무사히 생환할 수 있을까? — 이번엔 두 사람의 생명으로.

* 출산 그리고 육아

뺨을 토닥이는 기척에 눈이 떠졌다. "예쁜 사내아이예요." 간호사의 말이 들려왔다. 2,925g의 사내아이가 태어났다. 마취 때문에 평소와 달리 약간 흥분되어 있긴 했지만 나도 무사했다.

그날 저녁 무렵 아기와 첫 대면. 도무지 내 뱃속에서 태어났다는 게 믿기 어려웠다. 하지만 그곳엔 조금 전까지는 존재하지 않았던 사람이 실제로 존재했다. "느낌이 어때요?" 라고 묻는 간호사의 말에 내가 한 대답은 "대단한 녀석이네." 였다.

갓난아기의 이름은 '리마(里馬)'로 지었다. 음성 감각을 우선해 사내아이 이름 같지도 않고 계집아이 이름 같지도 않은, 일본 이름 같지도 않고 한국 이름 같지도 않은, 일본어와 한국어로 발음이 똑같다. 김리마.

출산하고 나면 보통은 자연스럽게 자궁이 수축하는데, 나는 제왕절개를 한 탓에 자궁수축이 원활하지 않아 링거로 촉진제를 투여했다. 강제로 자궁을 수축시키니까 자연수축보다 속도가 빨라 통증이 이만저만 아니었다. 게다가 자궁을 절제했기 때문에 다른 장기와 유착되면 큰일이라 수술부위를 누르며 문지르는 동작을 계속 해야 했다. 이것도 아팠지만 참아내지 않으면 정말 큰 사태가 벌어진다. 시키는 대로 하룻밤 동안 정말 열심히 좌우로 자세를 바꿔 눕는 일을 반복했다.

　다음날부터는 다시 수유라는 새로운 싸움이 시작되었다. 수술 후 곧바로 아기에게 젖을 먹이면 마취 액이 섞일 우려가 있어서 하루를 기다렸는데, 팔에 힘이 없는 나는 아기를 어떻게 안고 수유를 해야 할지 방법을 찾기가 여간 힘든 게 아니었다.

　일단 나는 아이를 모유로 키우고 싶었다. 분유는 손도 많이 가는데다 비용도 만만치 않았다. 무엇이든 자연적인 것이 제일 좋다고 생각했다. 동시에 수유는 아기에게 나를 기억하게 할 가장 좋은 기회

생후 5일째, 아들 리마와 첫 크리스마스 이브

이다. 하지만 갓 태어난 아기를 어떻게 대해야 좋을지 몰라서 '출산의 고통'이나 '혈육을 나눈 내 아이'라는 실감은 들지도 않았고 (이런 느낌이 내가 제왕절개를 해서 그런지 궁금해 몇몇 친구들에게 물었는데 다들 같은 의견이었다) 처음으로 안아 본 갓난아기는 어딘가 데면데면한 느낌이었다.

　첫 번째 수유 때 다시 또 비슷한 기분을 느꼈다. 좀처럼 아기가 젖을 빨지 않았기 때문이다. 이불을 괴고 누워 곁잠을 자며 먹여보기도 하고, 옆으로 안은 자세로 먹여보기도 하는 등 악전고투였는데 도무지 생각대로 되지 않았다.

　그러다 조금 난폭하게 보일지도 모르겠지만 아기를 내 허벅지에 눕히고 위에서 젖을 물도록 해보았다. 아기의 목과 몸을 양팔

로 받치고 안은 모양새다. 안는 방법은 이것으로 해결이 되었는데 여전히 아기는 젖을 빨 기력이 생기지 않는 듯 도무지 젖을 무는데 집중하지 못했다.

젖을 먹은 양만큼 곧바로 체중으로 나타날 정도로 여리고 작은 몸인데 이렇게 먹는 양이 부족한 날이 며칠씩 이어지면 어쩌나…. 걱정이 되어 분유도 조금 먹여보려 했지만 아기에겐 젖병을 빠는 것이 힘이 덜 드니까 나중엔 모유를 빨지 않게 되는 경우도 있다는 말에 점점 더 초조해졌다.

도대체 어떻게 해야 할까 — 고민하던 끝에 나는 한 가지를 깨달았다. 갓 태어난 아기를 잘 보살펴야 할 대상으로만 생각한 나에게 아기는 이물일 수밖에 없었다. 그게 잘못된 것 아닐까? 좀더 사랑스럽게 여겨야 되지 않을까? 그런 행위를 통해 서로를 알아가는 시간을 만들지 않으면 아무리 물리적으로 수유를 하려 해도 젖을 먹지 않을 거라는 생각이 문득 들었다. 일부러 소리 내서 말을 걸어보기로 하고 그대로 해보았다.

"예쁜 우리아기, 옳지 착하지." 이렇게 말하며 젖을 물려 보았다. 그러자 정말 효과가 있었다. 이 발상의 전환이 나로서는 코페르니쿠스적 전환이라 할 만큼 놀라운 사건이었다.

아이를 낳은 여자는 모성본능에 대한 질책을 받지 않을까 항상 강박관념에 시달린다. 하지만 나는 본능 자체도 사회적 상황의 변화에 따라 달라지는 것이 당연하다고 여긴다. 인간은 환경과 같은 외부영향으로 만들어지는 부분과 외부에서는 어찌할 방법이 없는 그 사람만의 본질이 힘겨루기를 하며 성장한다.

'아기는 모유로 키우겠다'는 생각은 그 당시 나의 여러 가지 사

정을 고려한 결정으로 본능과는 다른 의지였다. 그게 잘 될지 어
떨지는 또 다른 문제다. 그렇게 시행착오를 겪는 순간순간 다양
한 이유들이 끼어들었다. 장애인이라서, 제왕절개를 해서 그렇다
는 등 그동안 보고 들어온 모성을 추궁하는 검증절차 같은 말들
이 머릿속을 맴돌았다. 하지만 하나같이 마음을 위축시키는 말들
일 뿐 아무런 도움도 되지 않았다.

결국 도움이 된 것은 '어떻게 해서든 젖을 먹이지 않으면 내가
힘들어진다'는 최악의 사태를 각오한 결심이었다.

이 일로 모성은 만들어지는 것임을 알게 되었다. 배수의 진을
치고 더 이상은 피할 수 없는 현실에서 모성이라는 것도 만들어
졌다. 처음부터 모성이 있는 게 아니라 현재 환경을 어떻게 받아
들이느냐에 따라 갖게 될 수밖에 없는 것이다. 거기에 좋고 나쁨
은 별개문제여서 일단 해보지 않으면 알 수 없는, 애정이 있다면
표현하지 않고는 전달되지 않는 세계가 있다.

그때 나는 이전까지 내 삶의 방식에는 없었던 별세계를 들여다
보는 기분이었다. 그리고 앞으로는 내 의지만이 아니라 나와 분
리할 수 없는 자식이라는 타인의 의지도 존중해야 될 세계에 발
을 들여놓아야 된다고 각오했다.

그렇게 시간을 보내던 중 어느 날 불쑥 어머니가 지팡이를 의
지한 채 나를 찾아왔다. 노쇠한 몸이라 병원 입·퇴원을 반복하시
던 어머니다. 분만을 한 병원 이름을 말해두긴 했지만 정확한 위
치도 모르는데다 무엇보다 어머니는 일본말이 몹시 서툴렀다. 떠
듬떠듬 길을 물어 병원을 찾는 건 어머니에겐 상상 이상으로 힘
든 일이다. 그런 어머니가 대체 어떻게 병원까지 오셨을까.

어쨌든 딸이 염려돼 '한 번 봐야겠다'는 일념으로 찾아온 어머니를 본 순간, 난생처음 자식을 안고 우왕좌왕하며 단편적으로나마 부모의 노고라는 것을 맛보고 있던 감정들이 겹쳐졌고, 잔뜩 긴장되어 있던 무언가가 한꺼번에 터져 울음을 터뜨리고 말았다.

앞에서도 말했지만 집에서 나온 이후로는 내게 어떤 일이 생기더라도 부모나 형제에게 기댈 마음이 전혀 없었다. 부모형제는 내 생활과 전혀 다른 곳에 존재해서 어쩌다 도움을 받는다 해도 절대로 의지해서는 안 된다고 생각했다. 때문에 출산 때도 평소처럼 활동보조인들에게 부탁해 교대로 곁을 지키게 했다. 그러니 설마 어머니가 병원에 찾아오리라고는 예상조차 하지 않았다.

출산에 관련된 서적을 통해 '산후우울증'에 대해 알고는 있었어도 그때는 정말 그런 시기였다. 어머니를 보는 순간 다양한 감정이 뒤얽혀 나도 모르게 눈물이 터져 나왔다.

* 신세계 — 우주인의 시점

나처럼 제멋대로인 인간은 그리 간단히 자신만의 페이스를 바꾸지도 않는데다 또 그렇게 함으로써 간신히 나만의 일상을 만들어 온 부분이 있다. 그러니 아기가 태어나더라도 애써 만들어온 나의 페이스를 되도록 무너뜨리고 싶지 않았고, 그렇게 해결할 수 있는 일들은 가능한 그대로 유지하고 싶었다.

그런데 아기와 함께 지내는 생활이 현실이 되자 도저히 이전처럼 지낼 수 없음을 차츰 깨닫게 되었다. 아이를 낳기 전까지는 장애인으로서 지낸 삶이어서 일상생활은 늘 활동보조인과 함께였고, 나만의 시간이나 소유물에 집착하지 않고 사적인 일까지 '완전히 공개하는' 삶의 방식을 만들어 왔는데 아이가 내 일상에 들어오게 되자 아무래도 사정이 달라졌다.

누가 뭐래도 역시 부모로서 어쩔 수 없이 아이를 '보호·양육'해야 되는 부분이 생겼다. 하지만 그 일을 내가 직접 하는 것이 아니라 모두 보조인의 손을 빌어 해야만 한다. 나와 다른 인간인 아기를 돌보는 일을, 여전히 나를 도와주는 타인인 활동보조인에게 지시하고 그의 손을 빌어야 되는 간접적 관계의 까다로움.

요컨대 아이를 꾸짖거나 벌을 한 번 주는데도 제3자의 손을 빌지 않으면 안 되는 일이다. 물론 이때도 아이 양육에 대해 보조인과 내가 다른 의견일 경우도 있다. 이런 현실 속에서 늘 별도의 존재인 보조인이라는 제3자의 눈을 통해 나를 돌아볼 수밖에 없었다.

활동보조인들도 그때까진 결혼이나 아이에 관해 상당히 냉정한 편이었기에 아기를 접하는 일 자체가 처음인 사람들이 대부분이어서 뭘 하든지 '어떡하지??' 하며 당황스러워 했다.

또 보조인들은 성인이니 서로 의사를 존중해가며 지낼 수 있었지만 아기는 그렇게 못하니까 아기 의사도 존중해야 했다. 그런데 그녀들도 당장 눈앞에 닥친 갓난아기를 돌보는 일에 마음이 쫓겼는지 이전과는 달라진 활동보조 방식에 자연스레 대처해 나갔다.

역시 걱정만 하느니 도전하는 게 낫다고 막상 해보니 이런 변화도 저절로 따라왔다.

이 무렵의 나는 밤과 낮이 구분되지 않는 상태였다. 일단 젖을 물리는 일만으로도 버거웠고 몸도 아직 산후 회복기여서 환자나 다름없었다. 또 이 시기는 산후분비물이 문제였는데, 개인차는 있겠지만 한동안 지속되기 때문에 나 같은 경우 회복을 위해 1개월 이상 누워서 지냈다. 퇴원한 이후로 어두운 집안에서 동굴 속을 기어 다니는 것 같은 나날이었다.

출산 후 산후조리를 제대로 하지 않으면 몸의 이상이 지병이되기도 하기에 상당히 중요하다. 나도 임신하기 전의 몸으로 완전히 돌아오기까지 4, 5년이 걸렸다. 그것도 침구치료나 몸에 좋다는 것들을 끈기 있게 지속한 결과다. 장애인의 경우 출산이 장애를 악화시키는 원인이 되는 사례도 많다.

누구라도 그렇겠지만 임신, 출산, 특히 육아를 겪으며 상당한과로와 스트레스에 시달리기 때문에 거꾸로 말하면 임신 중 그리고 산후 회복시기를 스트레스 없는 상태로 편안히 지낼 수만 있다면 출산 자체는 아무런 문제도 아니다.

한편, 아기는 태어나서 3개월 정도까지는 그야말로 성스러웠다. 마치 이 세상과 저세상을 오가는 것 같다. 아직 신경이 온몸에 전달되지 않아서 움직임이 매끄럽지 못하거나 완만하기도 해서 장애인의 몸 상태와 매우 유사하다. 그러다 시간이 지나면서 몸 구석구석까지 신경이 전달돼 가는 것을 알게 된다. 그렇게 천천히 완전히 이 세상에 안착해 인간이 되는 것 같다.

나는 이따금 우주인의 눈을 상정해 볼 때가 있다. 이것은 지금이 순간 절대적 가치라 여겨 기를 쓰는 일도 상황에 따라서는 하찮은 일이 되는 경우 같은 것이다. 확고한 가치나 입장 따위는 마치 절대적인 것처럼 보여서 가장 위험한 것이 아닐까, 그보다 훨씬 더 보편적인 무언가가 있지 않겠나 하는 생각이다.

예를 들어 임신 중이었을 때 이런 일이 있었다. 여럿이 대화를 하는 자리에서 아무 말 없이 스르르 그 자리를 뜨는 사람이 있다. 그리고 다시 말없이 아무렇지 않게 있던 자리로 돌아온다. — 화장실에 다녀온 것이다 — 같이 있던 사람이 아무런 말도 없이 자리를 떴다가 다시 아무 일도 없었던 것처럼 대화 속으로 들어온다. 다른 사람들도 아무 말 없이 아무 일도 없는 것처럼 대화가 이어진다.

이 광경이 순간 나에게는 자리를 뜬 사람만 4차원으로 이동한 것처럼 보여서 마치 내가 뱃속에 있는 태아의 눈, 우주인의 시선으로 보고 있는 느낌이 들었고 신기했던 그 감각을 꼭 기억해 두어야겠다고 생각했다.

이처럼 우리에겐 당연해서 그다지 신기하지 않은 일도 외부의 인간이 보면 이해하기 어려운 정말 신기한 사건이 될 수도 있다. 때때로 시점을 비틀어 보는 것의 중요성. 그것을 느끼게 해 준 매우 귀중한 체험이었다.

또 아기가 생기니 정말로 우주인을 손에 넣은 것 같은 즐거움이 있었다. 무엇보다 아기에게는 나만을 인식하는 파장 같은 것이 흐르고 있어서 그 파장 안에서 부모와 자식만의 대화가 이루어졌다. 똑바로 눈을 응시하며 서로를 인식하려는 힘이 아기에게서 발산되는 게 느껴졌다.

이 우주인의 출현은 나에게 예측하지 못한 많은 것을 가져다주었다.

* 극단 복귀

아이가 태어난 지 5개월, 내가 출산휴가 중이던 1986년 5월에는 극단 전체가 하나가 되어 요란한 희극풍의 연극『나가고 싶어, 이런 젠장』을 만들고 무대에 올렸다. 장애인시설에 수용되어 있던 남녀 장애인들이 탈주해 바다를 보러 간다는 내용으로 창단공연을 했던 교토대학 세이부 강당에서 무대에 올렸다. 그리고 드디어 다음 작품인『물은 하늘에서 떨어지는 것을』이 나의 산후 복귀 작품이 되었다.

일본에서는 여성이 극단을 이끄는 일 자체가 드문 소연극계. 그 세계에서 아이를 낳고 기르며 여전히 극단을 유지하는 일이 가능할지 도무지 예측할 수 없었다. 하지만 그다지 단단한 각오 없이도 일상의 연장선처럼 연극을 계속 하고 싶은 마음이 있었다. 그 덕분에 아이도, 작품을 만드는 일도, 생각보다 어긋나지 않고 나와 공존했다.

복귀작 구상을 위한 합숙 때도 모유 수유를 위해 아기도 함께 갔다. 만사가 이런 식이어서 연습 때에도 항상 아기와 함께였다. 당시 갓난아기였던 리마도 얌전히 지내주어서 모두를 잘 따랐고, 일체 연습에 방해되지 않고 기분 좋게 단원들과 같은 장소에 존재했다.

나는 아이가 생겼다는 이유로 개인적인 세계에 갇히고 싶지 않았다. 극단이라는 조직과 타인인 활동보조인과의 관계, 동시에 아이라는 '개별성'을 지키는 일도 해나갔다. 이 일은 쉽지 않았지만 그 과정에서 새롭게 깨닫는 것도 있었다. 이렇게 해서 만들어진 작품이 프롤로그에서 소개한 『물은 하늘에서 떨어지는 것을』이다.

이 작품은 1987년 4월 19일 2시, 효고 현에 있는 <Sun civic 아마가사키>에서 첫 공연, 같은 달 25~26일 2회에 걸쳐 오사카 종합복지센터에서 공연해 두 지역 연속공연이었다. 이어서 장애인 뮤지컬 작품인 『카이고·카이고·카이고!』는 1988년 4월 10일 2회, 오사카 이쿠노生野에서, 교토 <카구라다 홀>에서는 10월 17~18일 총 3회 공연을 했다.

이 작품은 길을 잃고 숲속을 헤매던 한 남자가 두려움에 떨면서도 사람들에게 알려지지 않은 별세계를 만든 숲속 생물들에게 매혹되어 결국 그들의 친구가 되어가는 내용이다.

또 효고 현 이타미伊丹 시 <AI HALL>에서 1989년 6월 2~3일 총 3회 공연한 『은하반란 '89_달에게 입 맞추고 싶었을 뿐입니다…』는 이전과는 완전히 다르게 신체와 우주, 인간의 내적 에너지와 우주 에너지의 교감을 테마로 한 작품이다. 나는 장애인의 육체 자체가 최대의 표현이자 그것은 예술이기까지 하다는 신념 아래 애초부터 이런 테마를 무대에 올리고 싶었는데 역시 한 번에 이뤄지지는 않았다.

창단공연 『꽃은 향기로워도』부터 내 작품은 아니지만 『나가고 싶어, 이런 젠장』까지는 여전히 장애인운동에 관한 고발성이 농후했다. 그리고 『물은 하늘에서…』와 뮤지컬 『카이고·카이고·카이고!』부터 완전히 장애인운동에서 벗어난 순수연극으로 인간의 심리탐구와 예술성으로 옮겨갔고, 그 다음 작품인 『은하반란 '89』에서 처음으로 육체와 영혼의 승화에 대해 표현하기 시작했다.

되돌아보니 그렇게 변화해 간 과정을 잘 알 수 있다. 또 『은하반란 '89』부터 얼마 전까지의 몇몇 작품은 인간의 영혼을 치유하고 더불어 자연이나 우주를 소재로 한 작품들을 만들게 되었다.

* 극단 〈타이헨〉 케냐에 가다

1992년 9월, 염원하던 첫 해외공연을 케냐에서 해보지 않겠냐는 제안이 들어왔다. 나에게 아프리카는 동경의 땅이었다. 모든 인간의 근원적 힘이 그곳에 존재하는 것 같아서 무조건 가보고 싶은 땅이었다. 그곳이 〈타이헨〉의 첫 해외 공연지가 되다니, 이건 절대적인 축복이었다.

기회를 놓칠 수 없다는 일념으로 공연 1년 전인 1991년 9월 〈타이헨〉의 두 번째 도쿄공연을 끝내고 곧바로 현지답사를 위해 케냐로 날아갔다. 그리고 공연 모체인 〈나이로비 플레이어스〉라는 단체와 계약서를 교환한 후 수도인 나이로비뿐만 아니라 지방을 포함한 3개 도시 현지답사에 나서 공연장을 정하고 돌아왔다.

이후로는 편지로 협의를 해가며 1년 후인 1992년 9월, 극단 전체 총 30명을 이끌고 케냐 땅을 밟았다. 여러 나라에서 해외공연을 한 후 마지막으로 공연할 장소라 여겼던 아프리카가 해외에서 우리들의 연극을 보아 준 첫 번째 땅이 되다니 정말 감개무량했다.

케냐공연 관객들은 미동도 하지 않고 우리들의 연기를 빨려들 듯 보았고 그 자리에서 즉시 반응을 느끼게 해준 소중한 경험이었다. 특히 아이들이 많았는데 우리를 보는 아이들의 눈동자가 티 없이 맑고 무척 강한 빛을 뿜어냈다.

'이 아이들은 우리의 연극을 결코 잊지 않는다.' 그 느낌은 지금도 나에게 에너지가 되고 있다. 우리의 표현이 대사에 의존하는 부분이 적고 또 인간의 근원을 테마로 한 내용이라서 언어를 뛰어넘어 그들에게 통한 것이다.

더불어 아직까지 여전히 극단을 운영하면서 이제 와 무슨 소리냐 할지 모르지만 나에게 또 하나 인상적인 일은 '카리스마'라는 단어의 주술이 케냐공연에서 풀린 일이다. 케냐의 지역신문에 나를 '카리스마를 지닌 어쩌고저쩌고…'라며 몹시 어안이 벙벙할 만큼 좋게 소개한 기사가 났는데, 이때 처음으로 장애인운동을 할 때 자주 들었던 '카리스마'란 말이 원래 나쁜 의미가 아니라는 걸 알게 되었다.

아프리카가 첫 해외진출지가 되자 그 다음은 아무 두려울 것이 없었다. 세계적으로 통하는 아티스트를 목표로 삼는 일 뿐이었다. 나는 장애인운동을 하면서 받은 상처를 연극을 통해 진심으로 치유하려 했고 또 실제로 치유되어 왔다고 생각한다. 모든 생명이 살아가도록 만들어 주는 힘의 존재를 깨닫는 여행이자 하나의 기도이기도 했다.

되돌아보니 극단을 만들고 어느새 13년(1996년, 집필 당시)이 흘렀다. 이렇게까지 지속되리라고는 솔직히 생각조차 못했다. 그 당시엔 아직 어느 누구도 도전하지 않았던, 장애인이 직접 대본을 쓰고 연출과 출연까지 하는 연극을 선택하고 지금도 계속 할 수 있어서 다행이라 생각한다.

단순히 일상의 울분 해소용으로 연극을 한다 해도 지속하지는 말자. 13년간 다양한 상황을 겪으면서도 나름대로 방향을 유지해

온 것은 내 나름의 이런 신념이 있었기 때문이다. 나는 내가 하는 연극을 단순히 장애인의 표현에 그치지 않고 예술로 의식한다. 표현행위는 그저 나를 위한 것일지도 모르나 예술은 다른 인간의 삶에 양식이 될 수도 있고 또 그렇게 되어야 한다.

지금까지 나름대로 <타이헨>만의 독자적인 세계관을 만들어 왔다고 생각한다. 이는 배우와 스태프가 단결해 무대예술이라는 장벽을 하나씩 넘어왔기 때문이며 그 과정에서 인간의 가능성을 '믿을만한 가치'로 무대를 통해 만들어 낸 성과이다. 하지만 아직 갈 길이 멀다. 앞으로는 <타이헨>의 표현을 '영혼의 치유'에서 새로운 과제로 옮겨가려고 한다. 올해(1996년) 8월, 두 번째 해외공연을 스코틀랜드의 에든버러에서 선보일 예정이다. 새로운 관객을 만나고 또 <타이헨>의 새로운 모습을 보여주는 일이 가능해지길 바란다.

「껴·안·고·싶·에!!」(1995년)

부토 무용가 오노 카즈오 씨와
콜라보레이션 공연 「산이 움직인다」(1994년)

* 태어나는 것, 살아가는 것

여기까지 쓰고 나니 얼마나 내가 사람들 속에서 함께 살아왔는지 새삼 깨닫는다. 동시에 나는 지금까지의 인생을 위해 스스로 장애인이 되길 선택한 것 같은 기분조차 든다.

평범한 사람들에게는 도무지 이해하기 어려울지 모르지만 이건 허세가 아니다. 진심으로 그런 생각이 든다. 다양한 사람들의 도움으로 여기까지 왔고 또 진정한 표현·예술을 추구하며 계속 앞으로 나가기 위해 지나온 모든 것들이 필요했는지 모른다.

오늘의 내가 있기까지는 역시 어머니의 영향이 컸음을 부정하지 못한다. 오히려 영향이 크다고 느끼는 부분이 훨씬 많다. 일단 무대라는 곳을 거대한 존재로 보지 않고 나와 등신대처럼 여기고 자라온 게 컸다.

어릴 때부터 들었던 "너를 김홍주의 이름을 이어갈 후계자로 키우고 싶었다." 는 어머니의 말은 어쩐지 남의 일만 같아서 오히려 그 다음 이어지는 "그런데 장애인이 되고 말아서…" 라는 말이 내 현실을 인식하게 된 시작점이라고 생각했는데, 실제로는 '후계자 운운' 했던 말이 내 잠재의식 속에 예술인에 대한 생각을 뿌리내리게 했는지도 모른다.

어느 누구의 기대도 없이 어머니의 의지만으로 태어났다고 해도 좋을 나다. 어머니의 절대적인 애정과 삶에 대한 의지가 나를 지탱해주었다. 그리고 나는 그 무엇보다도 노래와 춤을 정말 좋아했다. 형제자매 중에서 나 혼자만 어머니의 현역무대를 볼 수 없었던 것은 매우 아쉽다.

하지만 한편으로 그렇기 때문에 나만의 독자적인 무대표현을 지향할 수 있었는지도 모른다. 이것만으로도 내가 장애인 된 건 모든 규범에서 벗어나 아예 새로운 것을 만들어 내기 위해 필요했던 일이라는 생각이 들 수밖에 없다.

또 한 가지는 장애인이 되던 순간에 삶과 죽음의 경계를 헤맸던 경험이다. 말하자면 나는 죽음의 늪에서 생환했다. 지금 장애인으로 살아가는 사람들은 모두 그렇다. 세상에 태어나는 일도 마찬가지지만 그 고통에 이어지는 또 다른 고통 속에서 죽음의 늪을 엿보고 살아 돌아온 무언가가 기억 깊은 곳에서 숨 쉬고 있음이 틀림없다.

내가 임신했을 때 느낀 것처럼 내 걱정 따윈 상관없이 세상에 나올 태아가 오히려 모체를 튼튼하게 해주는 경우도 있다. 태어나는 일이나 사람의 삶과 죽음에는 개인의 힘으로는 어찌할 수 없는 부분이 분명히 있다.

장애인운동을 통해 이전에는 몰랐던 가치관과 그 운동의 붕괴는 나에게 허상과 실상이 서로를 비추는 거울처럼 표리일체임을 몸으로 깨닫게 해주었다. 동시에 인간이 혼자서는 살아갈 수 없다는 깨달음이기도 했다. 또 인간은 살아가기 위해서는 타자를 상처 입힐 수밖에 없는 존재라는 것도 알게 되었다. 상처를 주고 상처받으면서 타자와 함께 살아갈 가능성을 나는 지금 극단이라는 집단 속에서 찾으려 한다.

연극을 만든다는 일이 겉으로는 화려해 보여도 좋은 일만 있는 것은 아니다. 대본을 써야하고, 연습도 해야 하고, 많은 사람을 움직이게 만들어야 하기에 인내가 필요한 힘든 작업을 하나하나 해결해 간신히 완성해내는 일이다. 그럼에도 '좋아서 하는 일이겠지'라는 말을 듣거나 사람들에게 칭찬을 받는 일은 별로 없다.

연극인은 무대 위에서만 승부를 걸 뿐이다. 눈물이 날 만큼 고

생스러워도 반드시 되돌아오는 무언가가 있다.

누가 뭐래도 결국 나는 하고 싶은 일을 모두 해오지 않았나 싶다. 어릴 때 동경했던 불량한 짓도 해보았을 뿐만 아니라 친구가 된 히피에게 "너는 히피 중의 히피야."라는 별난 칭찬을 듣기도 했다. 그리고 무엇보다 어머니가 했던 일을 다른 형제들 중 누구도 아닌, 어머니가 상당히 나이 들어 낳은 내가 하게 되리라고 누가 생각했을까. 나도 처음부터 이렇게 되기를 원하고 한 일은 아니다. 눈앞을 가로막는 것에 하나씩 대처하며 삶을 추구해온 결과로 지금에 이른 것뿐이다.

반대로 연극을 기점으로 생각해보면 지금 이 순간을 위해 장애와 어머니에게 받은 영향과 장애인운동의 경험들이 양식으로 필요했던 것 같다. 게다가 나로서는 예측하지 못했던 자식이라는 부산물도 포함해서.

리마도 벌써 열 살이 되었다. 우리는 서로를 '만리' '리마'라고 부른다. 리마가 아기였을 때부터 '나' 또는 '만리'라는 단어로 나를 호칭하며 대화했다. 서로 그렇게 부를 수 있는 관계를 만들고 싶었다. 그렇다고 이상한 평등주의 같은 것도 아니다. 부모로서의 입장은 확고하게 있다.

내 삶을 아이에게 그대로 보여주는 것이 가장 좋은 양육이라 믿는다. 그 다음에 서로가 하나의 인간으로 인정하고 신뢰할 수 있는 관계를 만들어 갈 수 있다면 더할 나위 없다. 어머니가 나에게 해주신 것처럼 절대적인 애정을 영양분처럼 끝없이 쏟아 부으면 아이는 무럭무럭 자란다고 믿는다.

아닌 게 아니라 내가 만든 우리 가족은 조금 색다른 가족관계다. 그 속에서 리마도 리마답게 무럭무럭 자라고 있다. 아들바보라고 하겠지만 상당히 착한 녀석이다.

마지막으로 가능한 다양한 처지에 서보고 싶다. 그렇게 함으로써 많은 일들을 보는 시각이 완전히 달라지기 때문이다. 운동조직에 몸담고 있을 때도 두 가지 입장을 경험한 셈이다.

먼저 피차별자로서 차별자를 공격하는 입장과 운동을 그만둔 배신자로서 옛 동료들에게 규탄을 받는 입장이다. 그리고 장애아에게 가해지는 '부모의 차별'을 지속적으로 주장하며 차별당하는 '아이'의 편에만 섰던 입장과 지금은 부모가 된 입장이다.

여기에 케냐에서 경험했던, 경제대국 일본에 사는 장애인이라 가난한 아프리카에 속죄의식을 느낄 수밖에 없는 입장 — "당신들은 잘 사는 나라 일본에서 왔으니까, 이 정도는 당신들이 양보하는 게 당연하다." — 여러 차례 들은 이 말이 나로서는 '이건 뒤집어 말하면 내가 일본에서 재일조선인으로 또 장애인으로서 해왔던 말이 아닌가' 하는 통렬한 반성을 하게 해주었다.

사람이 일생을 사는 동안 그리 다양한 삶의 방식을 선택할 수는 없다. 그렇다면 가능한 서로의 입장이 다른 것을 알아가고 싶고, 단순히 현재 자리를 벗어나 다른 입장이 되는 것이 아니라 그 차이를 명확히 기억해두고 싶은 게 고집스런 나의 생각이다.
지금의 나는 일본이 아닌 다른 곳에서도 생활해 보고 싶다. 가능하다면 연극을 하면서.

죽는 순간에 '이런 삶을 살려 한 게 아니었다' 생각하며 죽을지 '내 나름대로 잘 살아왔다'고 여기며 죽을지는 그 순간에만 결정된다.

하고 싶은 일은 해야 한다.

길은 끝이 없어도 목표가 정해지면 그 거리는 분명히 줄어들 것이다. 목표에 도달하기 위해 필요한 것은 뒤따라온다. 뚜렷하게 미래를 구상하고 그것을 품어 안는 일.

자, 어디까지 갈 수 있을까.

저자 후기(일본어판)

이 책은 내가 살아온 순간순간 느꼈던 솔직한 감정을 기록해보고 싶은 마음에 쓰기 시작했습니다. 그런데 독자입장에서는 시간의 흐름이 그다지 느껴지지 않아 모든 일들이 현재 같은 착각이 드는 문장이 되지 않았는지 걱정입니다. 그래서 여기에는 그 부분을 조금 보충해 두고 싶습니다.

이 글은 내가 지금까지 살아온 42년 동안의 시간을 기록한 것입니다. 42년이면 반세기에 가까운 세월입니다. 그리고 이 반세기 동안 일본도 나의 모국인 한국·조선도 또 장애인을 둘러싼 환경이란 의미에서도 매우 급격한 변화의 시대였다고 할 수 있습니다.

제2차 세계대전을 치른 일본과 조선반도의 관계 속에서 나의 어머니는 조선의 전통예술을 일본에서 공연하기 위해 건너왔습니다. 그리고 나는 전후 혼란이 완전히 가시지 않았지만 분명히 역사는 앞으로 나아가던 1953년에 재일 2세로 태어나 3년 후 장애인이 되었습니다. 그 후 1961년에 장애인시설에 들어갑니다.

1961년 무렵의 일본은 장애인에 대한 편견이 아직 강했으나 그속에서 복지라는 개념도 조금씩 세상에 얼굴을 내밀기 시작한 시기라 할 수 있습니다. 이어서 1960년대 말~70년대 초반에 걸친 안보투쟁이나 학생운동이 일어났던 시대의 격동기를 나는 그것들과는 무관한 시설 안에서 보냈습니다.

그 상황들이 어느 정도 진정된 후인 1975년, 장애인운동과의 만남을 계기로 자립생활을 시작했습니다. 그 후 장애인운동이 분열, 해체되어 가는 가운데 1978년에 운동에서 빠져나와 지역사회에서의 삶을 시작합니다.

1981년 유엔의 제창으로 시작된 '국제 장애인의 해' 첫 해에 장애인들 스스로 기획하고 실행에 옮긴 「국제 장애인의 해를 날려버리자! '81」 이벤트를 열었고, 그 연장선으로 1983년에 극단 <타이헨>을 창단하게 됩니다.

이렇게 내가 체험했던 장애인시설에서 보낸 시기 그리고 자립생활에 들어갔던 시기는 때마침 일본 정부의 장애인정책과 장애인들의 요구가 격하게 충돌한 시대였다고 할 수 있습니다. 지금이야 당연하게 통용되고 있는 '健常者(비장애인)'이라는 단어나 본문에 쓴 '장애인의 자립생활'이란 개념도 전혀 없었던 시대의 일입니다.

그렇기에 한 가지 미리 양해를 구하자면 여기에 쓴 시설에 관한 기술은 어디까지나 내가 체험했던 연대의 일입니다. 만사가 그렇듯 같은 경험을 했더라도 입장에 따라서는 180도로 시각이 다를 것입니다. 여기에 쓴 것은 '나'라는 개인의 시각에서 적은 내용이라는 점을 독자 여러분도 알아주셨으면 합니다. 그 점을 이해하셨다면 한 발 더 나아가 장애인의 엄혹한 현실이 본질적으로는 여전히 당시와 다르지 않다는 것도 말하고 싶습니다.

이 책을 집필하면서 확실히 시대가 변해가고 있음을 느낍니다. 지금까지는 사회적으로 쓸모없고 항상 대책을 강구해야 할 대상으로 여겨진 '장애인'밖에 존재하지 않았습니다. 하지만 지금 이 시대 장애인의 이미지는 확실히 달라지고 있습니다.

그럼, 어떻게 그런 변화가 생겼을까. 예를 들어 '비장애인(健常

者)'이라는 말 하나만 보더라도 장애인운동을 하면서 처음으로 '장애인'에 대응하는 단어로 만들어져 일반인에게 확산된 것을 보면 일본에서의 장애인 해방운동은 장애인 스스로가 사회에서 대등한 관계를 만들기 위해 쌓아온 문화이며 그것을 빼놓고는 지금의 나도 존재하지 않는다는 것입니다.

이제까지 내가 장애인으로서 겪은 경험은 예기치 못한 커다란 역사의 변천과 마주해 온 일일지도 모릅니다. 내가 관여했던 일본의 장애인 해방운동은 서양의 합리주의처럼 장애인복지를 사회적 대책으로 개선할 것을 요구했을 뿐만 아니라 나아가 개개인의 의식·가치관을 문제 삼은, 상당히 인간의 본질에 접근하는 문제제기 방식을 취했습니다. 그런 가운데 자원봉사자가 무상으로 중증장애인의 자립생활을 뒷받침하는 시도를 실현시키고 이를 지렛대 삼아 '장애인과 비장애인이 대등하게 공존 가능한 사회'를 만들자고 호소해 왔습니다.

이후 유럽에서 노멀라이제이션(Normalization, 고령자나 장애인이 차별받지 않고 살아가는 것이 정상적인 사회의 모습이라는 사고방식_옮긴이 주)과 유료 활동가 개념이 들어오면서 장애인이 봉사자에게 얼마간의 금액을 지불할 수 있도록 자립장애인에게 봉사자 수당을 지급하는 지자체도 많아졌지만 여전히 24시간 활동보조를 지탱하기에는 턱없이 부족합니다.

일본에서는 지금도 기본적으로는 지원을 필요로 하는 장애인과 그런 장애인을 도우려는 봉사자와의 사적인 관계로 유지되고 있음에 변함은 없습니다. 수당을 지급받는 활동보조인이 아니라 완전히 일반인을 참여시켜서 지금까지 많은 중증장애인이 제각각 자립생활을 꾸려왔다는 사실은 굉장한 일이라고 생각합니다.

이것은 다른 나라에서는 예를 볼 수 없는 경우가 아닐까요. 일본의 장애인들이 만들어 온 역사는 '일본 특유의 도움 문화' 토양 위에 새로운 개념이 더해져 육성된, 지극히 동양적 환경이었기에 가능하지 않았나 생각합니다.

강요에 의해 만들어진 시스템이 아닌 실제로 지역에서 생활하는 장애인이 만들어 낸 저력 있는 시스템입니다. 현재 일본에서 분명하게 이뤄지고 있는 일이기에 자신 있게 좋은 일이라 말할 수 있습니다.

길은 계속됩니다. 그 연장선상에 극단 <타이헨>도 있습니다. 예전에 내가 했던 운동을 지금 일부러 할 필요는 없습니다. 우리가 목소리를 높이기 이전부터 길은 계속되고 있었습니다. 비장애인과 장애인의 관계를 끊임없이 고민해 온 부단한 과정이 있었기에 장애인의 존재를 예술로까지 승화시키려는 <타이헨>이라는 집단도 생겨난 것이라 하겠습니다.

"극단 <타이헨>은 왜 이런 무대를 만들게 되었습니까?" 라는 질문을 자주 받습니다. 어째서 이러한 표현형태가 되었을까, 한마디로는 설명이 안 됩니다. 지금 내가 하고 있는 일은 거대한 역사의 과정 없이는 설명이 안 되는 일입니다. 그것은 어머니가 일본에 건너왔을 무렵 아직 남과 북이 갈라지지 않았던 하나의 나라 조선, 거기서부터 시작된 길이라고도 할 수 있겠지요.

살면서 가장 흥미로운 건 '인간의 본질은 어디에 있을까?' 그답을 찾아가는 일입니다. 장애인으로 다양한 경험을 할 때마다 나는 줄곧 이 질문해 왔고 앞으로도 그것을 탐구해 나가기 위해 <타이헨>이라는 신체표현의 무대가 있다고 생각합니다.

그리고 이번처럼 글로써 내가 걸어온 길을 되돌아볼 시간이 필요한 시기에 좋은 기회를 얻었습니다. 후지모토 유카리 씨를 비롯해 치쿠마쇼보筑摩書房 출판사 여러분에게 감사드리고, 내가 걸어왔던 궤적이 여러분이 같은 질문을 던지고 그것을 고민할 때 일조할 수 있기를 바라며 펜을 놓습니다.

1996년 7월   김만리

한국어 출간을 앞두고

이 책이 치쿠마쇼보(筑摩書房) 출판사에서 「生きることのはじま
り(삶의 시작)」라는 제목으로 나온 것이 1996년 8월이니 올해로 24
년이 된다. 그 세월을 지나 '도서출판 품'이 일어판을 바탕으로
내용을 추가해 한국 독자에게 소개하고 싶다는 제안을 해주어 고
맙게도 이 책이 나오게 되었다. 먼저 이 지면을 빌어 정미영 씨에
게 깊은 감사의 말을 전하고 싶다.

여기서는 그간의 경과를 크게 두 가지로 나누어 말하고 싶다.

나는 재일조선인 2세로 태어나 2020년 만 66세가 되었다. 일
본에서 책이 출간되었을 때는 43세였다. 내게는 불과 얼마 전 같
은데 이번 출간을 계기로 되돌아보니 많은 변화의 세월이었음을
느낀다. 상세한 내용을 담기엔 지면의 한계가 있지만 반드시 돌
아봐야 할 부분을 여기에 기록하고 싶다.

먼저 첫 번째로, 극단 <타이헨>은 올해로 37년째가 되었다. 메
이저가 아닌 마이너 연극계에서는 예술적인 면에서도 사회적으
로도 중요한 역할을 해오지 않았나 싶다. 하지만 결코 순풍에 돛
단배 같은 여정은 아니어서 이 책에 쓴 것처럼 힘든 길을 택함으
로써 길은 스스로 만들어 간다는 신념은 그때나 지금이나 다르지
않다.

이제야 밝히지만 1992년 첫 해외공연으로 아프리카 케냐를 선
택했을 때 함께 참가한 비장애인 관계자들의 파괴행위와도 같은
배신을 맛보고, 중증장애인이 제대로 공연을 하기 위해서는 타자

에게 순응하지 않으면 유상무상으로 이용당해 해체되는 위기를 맞는다는 것을 배웠다.

그로부터 4년 후인 1996년부터 3년 연속 영국 에든버러 프린지 페스티벌에 참가해 거기서 발표한 작품이 높이 평가받은 보람은 매우 크다. 이를 계기로 이듬해에는 스위스 베른 댄스페스티벌에 처음으로 초청도 받았고, 독일에서도 3년 연속 초청공연을 하며 시야를 세계로 넓히는 해외진출을 이루었다. 여러 해외공연을 통해 얻은 교훈을 타이헨만의 예술지침으로 삼아 지금까지 활동하고 있다.

그러던 중 1998년 어머니 김홍주가 86세로 세상을 떠났다. 그 슬픔을 솔로 공연 『우리 어머니』라는 작품으로 만들어 저명한 부토(舞踏) 무용가인 오노 카즈오(大野一雄) 씨의 감수를 받아 에든버러 프린지 페스티벌에서 세 번째 참가작으로 무대에 올렸다. 이 작품은 나와 어머니 사이의 반목과 대립을 대사 없이 몸 하나로 표현했고 지금도 공연 중이다.

가족 얘기를 덧붙이면 본문 끝부분에 '착한 녀석'이라 쓴 아들은 올해 34세가 되었는데 나름 열심히 일하며 사람들의 인망을 얻고 있다. 아들의 아버지는 이 책에 별로 나오지 않았지만 이후로도 함께 생활해 오다가 최근에 정식으로 혼인신고를 마쳤다.

내 몸의 장애는 나이가 들어감에 따라 조금씩 진행되고 있지만 보통의 신체장애인보다는 속도가 완만해서 작품을 통해 하고 있는 신체표현이 몸에 좋은 것 같다.

현재 일본의 중증장애인 활동보조는 유료제도화 되어 활동보조인 파견업체를 의지하는 것이 보통인데, 나는 파견업체의 보조인이 아니라 예전처럼 직접 활동보조인을 모집해 24시간 자립생활을 한다. 지금까지 여기 참여했던 있는 이들의 숫자는 방대하다. 이런 생활이 어느덧 45년에 이른다.

지금도 그들의 도움으로 일상을 유지하는 나만의 독특한 라이프스타일이다.

극단운영은 2012년에 위기가 찾아왔다. 일본 정부의 장애인 복지사업 혜택을 받아 연습실을 유지해 왔는데, 법이 개정되어 이 혜택을 계속 받으면 공연활동을 할 수 없었다. 예술은 예술일 뿐 장애인으로서의 예술이 아니라는 신념과 보편적인 예술 추구가 목표였기에 복지혜택 적용대상에서 제외되는 쪽을 택했다.

그로인해 연습장 이동을 위해 전임으로 일하는 비장애인을 고용할 수 없게 되었다. 그때부터 극단 연습실을 확보하는 비용은 <타이헨> 예술을 응원하는 회원들의 회비로 충당하게 되었고, 해외공연은 물론이고 공연자체를 예측할 수 없는 빈사상태에 빠지게 되었다.

2012년 4월부터 다시 한 번 바닥부터 새 출발하기로 다짐했다. 극단이 있는 오사카에서 <타이헨>이 가진 독자적 예술의 본질을 연구해 더 나은 작품을 만들기 위해 연기자의 신체에 대해 고민하는 시간을 가졌다. 이후 2016년부터는 오사카뿐만 아니라 도쿄에서도 1년에 한 차례는 극단 <타이헨>의 공연과 나의 솔로공연을 하고 있다. 현재는 다시 해외공연에 나서는 것도 시야에 넣고 있다.

두 번째로, 일본에서 책이 나온 후 24년이 흐르는 동안 나와 한국의 관계가 크게 달라진 것이다.

일본에서 책이 출간된 후 '김홍주의 역사적 사실을 조사해 기록으로 남기면 좋겠다'는 감상을 들은 여성 자유기고가 가토 카오루加藤薫 씨가 여러 차례 한국을 오가며 어머니에 관한 조사를 해 주었다. 덕분에 나의 이모(김록주)에 관한 다양한 정보들과 더불어 일본어판에 쓴 어머니에 대한 묘사가 많이 달랐다는 것도 알게 되었다.

먼저 그 내용에 대한 정정부터 하자.

어머니의 언니이자 나의 이모가 되는 김록주(金綠珠 1898년 4월 출생)는 가야금 병창이 아니라 판소리 명창이었다는 걸 알게 되었다. 김록주는 1910년대 중반에 만13세의 나이로 판소리의 '국창(國唱)'으로 칭송받은 송만갑 선생이 이끄는 극단 협률사의 김해공연 당시 (송만갑 제자의 소개로)재능을 인정받아 극단에 들어갔고 만년의 송만갑 선생에게 사사했다. 국립국악박물관에 소장된 판소리계보 가장 마지막에 이름이 올라있었고 축음기 음반으로 녹음을 한 기록도 남아있다.

어머니 김홍주에게 직접 듣고 쓴 결혼 이후의 생활, 즉 집안에서 화장도 못하게 한 채 갇혀 지냈다는 말은 사실과 달랐다. 나를 제외한 아홉 형제의 아버지이자 어머니의 남편인 황웅도가 경상남도 고성에서 당시 일제에 저항해 독립운동을 한 사실도 알게 되었다.

젊은 시절부터 마을을 돕기 위해 단체를 조직하고 어머니 김홍주와 결혼 후에도 농민들에게 야학을 열거나 양봉기술을 가르치

는 학교를 만들기도 했고 소작농과 지주 사이의 중재에 나서기도
했다. 일제강점기 독립운동가로 지역신문이 그의 이름을 많이 보
도했다.

고성에 예술인 공간을 만드는데 역할을 맡고 싶어 한 외조부가
딸 김홍주의 재주를 앞세워 고성에 머물게 되었는데, 그때 황웅
도는 고성에 그런 곳을 만들 수 없다며 반대집회를 열고 연설도
했다고 한다. 그런 황웅도가 어머니 김홍주와 부부가 되고 말았
으니 엄혹한 식민지시대에도 한가로움이 묻어나는 이야기가 아
닌가.

원래 황웅도에겐 본처가 있었는데 아들이 없어 어머니가 둘째
부인으로 맞아들여졌다. 아마도 어머니는 자신의 예술적 재능으
로 황웅도의 활동을 경제적으로 지원했을 것이다.

2007년 5월 29일부터 7박8일 동안 가토 카오루 씨와 함께 어
머니 김홍주의 발자취를 따라가는 여행에 나섰다. 나에게는 의붓
아비인 황웅도의 고향 고성을 취재하는데 나도 동행한 것이다.
그때 신세를 졌던 분이 '한국문화의 집(KOUS)' 예술감독이었던
진옥섭 씨다.(현재 한국문화재재단 이사장)

진옥섭 씨가 김홍주에 관해 정보가 될 만한 장소를 총망라해주
고 고성까지 동행해 준 덕분에 어머니 김홍주에 대해 더 깊이 알
수 있었다. 분명 그 옛날 김홍주와도 인연이 있었을 고성 오광대
놀이 보존회 회장인 이윤석 씨의 이야기를 듣기 위해 찾아갔는
데, 한국에서 극단 <타이헨>의 공연을 할 수 있도록 가능한 힘껏
돕고 싶다고 말해 주었다. 때마침 일본 교토대학의 미즈노 나오

키水野直樹 교수의 협력으로 황웅도에 관한 기사가 놀랄 만큼 많이 발견되었고, 오래된 신문에 실린 조선어 기사를 미즈노 교수가 모두 번역해 주었다.

김홍주와 직접 관련된 기사보다 독립운동을 한 황웅도의 기사가 많았기에 부수적으로 어머니 김홍주의 모습도 상상할 수 있었는데 생전에 어머니가 우리에게 들려준 것과는 180도 다른 내용이었다.

해방 후 많은 재일조선인들이 고향으로 돌아가지 못하고 일본에 살 수밖에 없었다. 생활에 쫓겨 1세의 역사를 자식들에게 제대로 전해주지도 못한 채 지금에 이르렀다. 때문에 1996년 일본에서 낸 책에 쓴 어머니의 얘기를 24년 만에 한국어판 출간을 계기로 수정하게 된 것은 나 같은 자이니치(在日)들에게는 굉장히 귀중한 일이기에 반드시 기록해 두고 싶었다. 일본에서는 아직 고치지 못하고 있는 역사적 사실이다.

당시 상황을 감안하더라도 어머니 스스로 사실을 파악해 내용을 수정한다는 것도 어려웠을 것이다. 왜냐하면 어머니의 재능으로 경제적 뒷받침을 했지만 주변 관리는 외조부나 남편인 황웅도가 맡았고 어머니는 예인으로서의 긍지가 우선이었기 때문이다. 식민지와 종주국 사이에서 독립의 염원을 표현하는 버팀목이었을 전통예술을 고집해 온 김홍주는 협간의 여인이었기에 양국에서 모두 잊힌 존재이다.

다른 형제들의 아버지인 황웅도가 조선의 독립운동 투사였다는 사실은 나와 한국을 새로운 관계로 발전시켰다. 황웅도에 관한 충격이 나의 창작 욕구를 자극했음은 두말할 나위도 없다. 이후 일본으로 돌아와 연극『황웅도 잠복기(潛伏記)』대본을 만들고 2009년 9월에 오사카 성에서 야외공연을 한 후 고성 오광대놀이 이윤석 회장의 감사한 제안에 응해 드디어 2011년 3월 한국무대에도 올릴 수 있었다.

『황웅도 잠복기』한국공연은 두 곳에서 이뤄졌다. 한국문화의 집(KOUS)과 황웅도의 고향인 고성에서다. 고성에서는 고성오광대 보존회와 황웅도가 기자생활을 했던 고성신문이 공동주최자로 나서줘 고성군 문화체육센터에서 공연했다. 황웅도의 고향 전체가 나서서『황웅도 잠복기』를 맞이해 준 것이다. 황웅도의 딸인 내 언니들도 일본에서 와주어 공연장은 몹시 흥겨운 분위기였다.

덧붙여서 한국 고교생들과의 만남을 빼놓을 수 없다. 극단 <타이헨>의 무대에 반드시 필요한 스태프인 쿠로코(黑子)를 맡아준 서울시립 청소년직업센터 <하자학교> 학생들이다.

자력으로 움직이지 못하는 장애인 배우들을 안아서 무대 등장과 퇴장을 돕는 스태프로 김희옥 교장(현재 크리킨디센터 센터장)과 이 학교 학생들이 애써 주었다. 이 인연으로 일본과 한국의 장애인과 비장애인이 협력해 <타이헨>의 무대를 만들어 낸 경험은 평생의 보물이 되었다.

그리고 가장 중요한 한국의 장애인 문제.

나는 일본에서도 공연 때마다 프로젝트를 만들어 무대 경험이 없는 장애인을 일부 장면에 엑스트라로 출연시킨다. 작품을 만들 때 매우 중요한 부분인데, 장애인만 할 수 있는 신체표현은 기존의 비장애인 문명에서 전문교육을 받은 사람보다 예술과 접할 기회가 없었던 중증장애인 쪽이 장애인의 본질을 그대로 체현할 수 있기에 보다 예술적이라 확신하기 때문이다. 때문에 공연 때마다 경험이 없는 중증장애인이 무대에 설 수 있는 오디션을 기획한다. 한국 공연 때도 엑스트라 오디션을 통해 차별에 시달리고 예술과는 인연이 없었던 장애인들과 함께 공연한 의미가 크다.

이 오디션을 도와 준 분들은 노들야학의 박경석 교장과 서울 CIL 박찬오 소장이다. 두 사람 모두 휠체어를 타는 장애인이자 장애인 인권운동의 최전선에서 싸우는 분들이다.

『황웅도 잠복기』 한국 공연은 엄혹한 장애인 차별과 맞서며 이 무대의 의미를 공유한 잊기 어려운 경험이었다. 또 수많은 장애인들의 실태를 보아온 나로서는 뿌리 깊은 한국의 장애인 차별에 접한 충격은 몹시 컸다.

아이가 장애라는 걸 알게 되면 부모가 아이를 버리는 경우가 적지 않다는 이야기를 들었다. 나라마다 오래된 풍습 탓에 생각의 차이는 있겠지만 장애인 차별에 관해서는 평범한 사람들의 나약함이 가장 잘 드러나는 최대의 맹점이라 해도 과언이 아니다.

일본이나 한국이나 유교적 사상은 지금도 뿌리 깊게 남아있다. 자식에게 장애가 있으면 안정된 노후보장의 기대가 무너져 양육의 의미를 상실하고 장애아를 버리는 부모가 아직도 많은 이유가 아닐까. 뿌리 깊게 남은 유교사상의 잔재이자 인류가 극복해야 마땅한 과제이다. 절대적 사회적 강자가 범한 과오인 우생사상에서 비롯된 한국사회의 뿌리 깊은 장애인 차별의 일면이 아닌가 생각한다. 내 생각이 얕은지도 모르겠으나 그것도 감히 묻고 싶은 마음에 이 기회를 통해 당시 느꼈던 것을 솔직히 말하고 싶었다. 그만큼 세계적으로 장애인이 놓인 차별적 상황은 빈곤 어린 이들을 대하는 행태와 더불어 가장 가혹하다.

또 하나는 뜻밖에도 고성출신 전통무용가 박경랑 선생이 고성 공연에 출연해 준 일이다. 박경랑 선생은 그해 11월에『황웅도 잠복기-박경랑과 함께하는 새로운 여로』라는 이름으로 서울에서 재공연을 하자고 초청해 주었다. 남산국악당에서 열린 이 공연을 위해 극단 <타이헨>은 다시 한국 땅을 밟았다.

공연에 사용된 모든 음악은 전통악기 라이브 연주였다. 박경랑 선생에게는 대선배가 될 어머니 김홍주. 그의 딸이 무대를 통해 실현하고 싶었던 어머니의 염원을 위해 함께 해주었다.

예술인생의 꽃을 이국땅에서 피웠던 어머니가 모국에서 못다 이룬 한을 모진 역사를 견뎌온 국악예술가들의 의지로 풀어 준 남산국악당 무대.

자신의 뒤를 이을 수 없게 되었다고 여겼던 중증장애인 딸이 극단을 이끌고 이 무대에 오른 때는 어머니가 세상을 떠난 지 13 년 후다. 저승에서 얼마나 감개무량 하셨을까. 전통예술의 대가 인 어머니와 계승자가 될 수 없었던 중증장애인 딸 사이의 반목 과 자립이 비로소 이 글로 의미가 다듬어져 승화된 느낌이다.

이 책과 직접적인 관계는 없지만 의붓아버지 황웅도에 관한 일 화가 있다.

1928년 초 경상남도 고성보통학교에서 열다섯 살 소년 이용진 이 일본학생들에게 집단폭행을 당해 한 달 후 사망한 사건이 있었다. 한 마을에 살았던 당시 6살의 황경윤(黃敬潤)씨는 이용진 소년의 추모행진을 조직한 황웅도와 자신의 형이 동급생이었다고 한다. 6살 때 그는 형의 목말을 타고 보았던 행진을 선명히 기억했다. 이후 우리 가족이 고성을 방문할 때마다 가족처럼 보살펴주었고 황웅도의 아들, 딸에게는 '아재(삼촌)'가 되어주었다.

황경윤 씨는 황웅도에 대한 기억을 줄곧 마음에 간직하고 있었다. 일본에서 반역자가 된 채 세상을 떠난 황웅도를 자신이 살아있는 동안에 명예회복 해드려야 눈을 감을 수 있다고 처음 고성을 찾아간 내게도 말했다. 이미 정부기관에 서류신청을 위한 준비를 하고 있었고, 그 뒤로 고성에 갈 때마다 확고한 집념을 내게 전하곤 했다.

노무현정권이 끝나갈 무렵 '아재'가 신청한 서류가 접수되어 황웅도가 독립운동 투사로서 명예회복 되어 훈장수여를 기다리고 있었다. 고성공연 때는 고령으로 기력이 쇠약해 올 수 없었지만 훈장은 다음 정권인 이명박대통령 이름으로 받게 되었다.

박경랑 선생과의 공연이 끝난 당일 연회자리에서 황경윤 옹께서 돌아가셨다는 소식을 듣고 일본으로 돌아가는 것을 미룬 채 서둘러 고성으로 내려가 조문을 드리고 '아재'에게 감사와 경의의 마음을 담아 합장했다.

황웅도는 나의 친부도 아니었고 미망인이 된 김홍주가 낳은 자식이었으니 어쩌면 나는 그에게 적의 자식일지도 모른다. 이런 만남도 신기한 인연이다. 황웅도의 어떤 의지가 내 안에도 자리 잡고 있었던 것일까, 그 전까지 나의 사전에는 없었던 운명이나 인연 같은 말들이 맴돌았고, 설명하기 어려운 윤회전생 같은 단어가 막연히 머릿속에 떠올랐다.

    나는 재일조선인 2세이지만 지금도 민족이나 민족주의에는 오히려 편협함이 느껴져 거부감이 있다. 내 인생은 방랑의 여정이었다. 아들 리마가 태어나 1년 8개월이 되었을 때 미국에서 열리는 평화행진에 참가하기 위해 아들을 데리고 3개월간 여행에 나섰다. 그때 남미 페루까지 가서 인디오들을 만나고 백인사회 계급의 밑바닥에 있는 그들에게 충격도 받고 나와 아들의 여정에 도움도 받았다.

    아마미 오오시마奄美大島 섬에 있는 히피 코뮌에도 자주 머물며 함께 생활했다. 이처럼 방랑과 부유를 통해 세상을 조감하다 가끔은 홰에 앉아 날개를 쉬게 하고 싶은 마음이 가장 크다. 이 일본이라는 땅에도 어쩌다 정박하게 된 것일지도 모르겠다.

    2016년 7월, 도쿄 인근 가나가와神奈川 현에 있는 장애인시설 '야마유리엔やまゆり園'에서 19명의 장애인들이 전 시설직원에게 학살당하는 엄청난 사건이 벌어졌다. 나치스 히틀러가 인종차별주의와 우생사상에 입각해 인종청소라는 이름으로 가장 먼저 장애인을 대량학살 한 T4작전. 이후 이렇게 많은 장애인이 한꺼번에 죽음을 당한 일은 처음인 경악할 사건이었다.

    내가 언어를 쓰지 않고 장애인의 몸으로만 표현해 결과적으로는 전위예술이 될 수밖에 없는 무대를 만드는 이유가 바로 여기 있다. 세계적으로 다수자인 비장애인들의 내면에 존재하는 우생사상의 사고방식과 가치관, 거기에 철저히 반대하는 가치를 만들어 가는 것 외에는 없다. 아마도 진정한 의미에서 그런 예술을 하는 곳은 극단 <타이헨>뿐이리라.

덧붙여서 어쩌다 정박하는 곳이 아닌 편안히 안착할 수 있는 새 거처도 찾고 싶다. 인간의 가치 자체를 다시 쓰는 일, 그 필요에 의해 투쟁하는 것이 예술이다. 이제는 슬슬 한 곳에 정착해 그 싸움에 임해야 할 것 같다. 드넓은 우주 속 인간세상을 조망하기 위한 발판으로 한국은 더할 나위 없는 땅이다. 그리고 가까운 시일 내 나의 단독공연을 그동안엔 기회가 없었던, 예술적 가치 면에서 가장 멀다고 느낀 프랑스에서 해보고 싶다.

마지막으로, 나의 존재를 절대적으로 인정하고 사랑해준 어머니 김홍주, 당신이 있었기에 그 무엇도 두려워하지 않고 여기까지 올 수 있었습니다.

또 가장 사랑하는 남편과 다정한 아들에게,

여전히 나의 일상을 유지하는데 도움을 주는 수많은 일본인 활동보조인들의 헌신에,

이 예술과 나를 믿고 따라와 준 극단 타이헨 단원들에게,

장애인 차별과 싸우다 죽어간 많은 장애인 동지들에게,

온갖 역경에도 미래를 향한 길을 만들어 가는 피차별자들의 마음 깊은 곳에,

그리고 다시 한 번 출간을 결심해 준 <도서출판 품>에,

존재하는 모든 아름다운 생명과 만남들에 진심으로 감사를 바친다.

2020년 4월 김만리

옮긴이의 말

극단 <타이헨>에서 발간하는 계간지 「이마주(IMAJU)」 2011년 3월호(Vol.50)에는 저자와 김시종(金時鐘) 시인의 대담이 실려 있다. 같은 달 한국에서 예정되어 있던 『황웅도 잠복기(潛伏記)』 공연을 앞두고 이뤄진 대담이다.

재일(在日) 시인 김시종 선생과 저자의 어머니인 김홍주 명창과의 인연은 저자가 태어난 해로 거슬러 올라간다. 1953년, 오사카에서 재일조선인 문화예술인들을 중심으로 50여개의 문화단체가 참여해 <오사카 조선문화총회>가 만들어졌고, 이 조직의 서기장을 맡은 김시종 시인은 각종 집회와 행사 때마다 조선에서 건너온 전통예술인 김홍주 명창을 초청했다.

가야금 산조가 빼어났던 그녀의 연주를 듣기 위해 고향으로 돌아가지 못한 채 일본에 남아있던 조선인들이 대거 몰려들었고, 김시종 시인은 '산조'에 대한 이해를 돕기 위해 자료를 찾느라 진땀을 뺐던 기억을 털어놓았다.

어머니의 현역무대를 보지 못한 저자에겐 금시초문으로 당시 해방된 조국으로 돌아가지 못한 조선인들에게 김홍주 명창의 무대가 어떤 존재였는지를 시인은 그의 딸에게 담담히 전했다.

더불어 '美'의 테두리 바깥에 있던 것을 의식적으로 전면에 끌어내 표현하는 극단 <타이헨>의 무대는, 인간의 통념을 일상적으로 비집고 들어 간 행위표현으로 '아름다움'의 개념을 철저히 파괴한다고 시인은 평했다.

재일조선인으로, 중증의 장애인으로, 인권운동가로, 연극 연출가·배우로, 그리고 어머니로. 저자의 표현대로 '철두철미'하게 평범하지 않은 삶을 비장애인 문명을 넘치게 누리며 살아가는 우리에게 날것으로 들려준다.

'장애인의 일상보다 더 극적인 드라마는 없다'

'장애인'으로 산다는 건 어떤 의미일까. 신체결손에 대한 두려움, 사회적 소통의 부재, 원치 않는 시선에 단련되어야 하는 고통…. 대부분 자신과는 접점이 없는 멀리 떨어진 세계라 여기는 비장애인들의 인식을 저자는 우주의 시선으로 조망한다. 인간의 본질을 들여다보는 일이 가장 흥미로운 일이라 말하는 저자에게 나는, 우리는 어떻게 비춰질까.

그들과 더불어 사는 '일상'을 한 번쯤이라도 진지하게 고민해본 적이 없음에 낯이 뜨거워졌다. 어쩌다 장애인의 모습이 시야에 들어오면 반사적으로 '내가 아니어서 다행' 필터로 머릿속에서 걸러내기 일쑤였다. 비장애인들의 장애인시설에 대한 막연한 두려움도 어쩌면 우리 모두가 걸러낸 것들이 시야에 나타나지 않기를 바란 결과물인지도 모른다.

태어나는 것도 장애의 몸이 되는 것도 자신의 의지로 결정할 수 없는 일이다. 그 명확한 진리 아래 스스로 원하는 '삶'을 선택하는데 있어 자신의 기록이 길잡이가 되길 저자는 희망한다.

출간이 결정된 후 몇 차례 인터뷰를 하는 동안 책에서 느껴지는 카리스마와는 전혀 다르게 아이처럼 깔깔깔 웃으시는 모습을 여러 번 뵈었다.

이렇게 웃을 수 있는 사람이 몇이나 될까, 모든 어둠을 관통한

이의 투명한 웃음. 바로 그것이었다.

<타이헨>의 무대를 직접 볼 기회를 얻어 작년 6월, 효고 현 이타미시伊丹市 아이홀에서 공연한 최근작 『하꼬니와 벤토(箱庭弁当 Sandbox Bento)』를 관람했다. 화려한 빛깔의 레오타드를 입은 장애인 배우들의 움직임은 경험해 보지 못한 통증 같았다. 끝날 때까지 객석에 앉아 있을 수 있을지가 솔직한 심정이었다. 그렇게 막이 내린 후에는 쏟아지는 눈물 때문에 바깥이 잠잠해지기를 기다려야 했다.

자유로운 영혼들의 유쾌한 축제, 그 속에서 대사 한 마디 없는 몸짓만으로 장애인차별의 사회구조를 통렬하게 지적하는 캐릭터들이 살아 움직였다. 특히 어린이 관객의 반응이 인상적이었을 만큼 메시지 전달력 또한 풍부했다. 김만리 감독과 <타이헨>의 내공을 느낄 수밖에.

번역의 시간은 그날 통증과도 같았던 감정의 연장선이다. 어느 부분도 자신과는 인연이 닿아 있지 않은 이야기 같지만 모든 부분에서 스스로를 들여다보게 만드는 이야기라 하겠다.

더불어 여전히 무대를 통해 발신하고 있는 김만리 감독의 메시지를 한국의 공연장에서도 만날 수 있는 기회를 희망한다.

'경계성(間性)'의 존재를 있는 그대로 인정하지 않으면 허물 수 없는 '벽'으로만 남을 뿐이다.

2020년 6월 10일 정미영

극단 〈타이헨〉의 작품세계

「장애연극과 새로운 미학」 中에서 (한국종합예술학교 연극원 이성곤 교수)

1997년 8월, 스위스 베른에서 극단 타이헨의 <Departed Soul(死靈)> 공연이 끝난 직후 한 관객이 흥분하여 이렇게 외쳤다고 한다. "오늘 베른에서 혁명이 일어났다!"

타이헨의 단원들이 보여주는 것은 장애인의 무대 또는 서구에서 볼 수 있는 장애인 컴퍼니의 통념과는 다른 무대철학이다. 아름답고 강한, 그리고 균형이 잘 잡힌 '만들어진' 신체는 타이헨의 무대에 없다. 기존의 무대 예술에서 요구되던 재현성과는 다른 '재현 불가능성'에 기반한 표현이다.

예술감독이자 극단 대표인 김만리 씨는 한국고전무용의 명인 김홍주(金紅珠)의 막내딸이자 동편제의 마지막 명창 김록주(金綠珠)의 조카다. 어릴 때부터 무용에 재능을 보여 김홍주의 후계자로 기대를 모았으나 3살 때 소아마비로 이후 중증장애인이 되었다. 김만리 씨가 서른 살이 된 1983년에 극단을 창단하고 이후 대표이자 예술 감독으로 지금까지 70여 편의 작품을 쓰고 출연도 하고 있다.

전통적인 예술의 시각에서 '추하다'고 간주되어 온 신체장애인의 신체나 움직임의 부자연스러움을 표현력으로 승화시켜 새로운 미를 낳기 위한 도전을 계속 해오고 있다. 유럽에서는 《미의식 자체를 바닥부터 변혁할 신체표현》(Brian G. Cooper, 『THE STAGE』, Scotland, 1996.8.15.)이라는 평가를 받기도 했다.

신체장애인의 일상적 리얼리티를 장애인 시점에서 직접적으로 부딪친 도발 연극, 창단공연 『꽃은 향기로워도』(色は臭へど)부터 최근작 『Sandbox Bento』(箱庭弁当)까지, 사회고발성 메시지를 담은 작품부터 우주관을 전면에 내세워 철학적 사유로까지 확장된 무대는 관객들의 의식세계를 가볍게 넘나든다. 1989년도 『은하반란 '89』부터는 무대 바닥과 가장 가까이 붙어 있는 신체장애인의 몸은 지면(땅)으로 연결되고 우주로까지 연결된다는 미학적 기초를 마련했다.

【타이헨의 표현은 인간에 대한 가치판단의 1차원적 축을 부정한다. 인간의 신체에 대한 무한한 신뢰, 개별 존재의 절대긍정, 인간 존재를 획일화하는 모든 신체, 그리고 인간을 해방하고자 한다. 그리고 다양한 차이들이 빚어내는 풍요로움으로 빛나는 신체예술을 창출하고 제시해 가고자 한다.】 (극단 타이헨의 슬로건)

타이헨이 걸어가는 예술혁신의 길은 기존의 틀을 뛰어넘어 나아가는 것이기 때문에 종래의 예술과는 인연이 없었던, 배제되고 소외되었던 사람들 가운데 큰 광맥을 찾는 작업이라고 할 수 있다. 이처럼 '결여된 신체'에 의한 '불가능한 예술'을 지향한다고 볼 수 있다. 이는 동시에 인간 존재의 개념까지도 바꾸는 혁명인 것이다.

극단 〈타이헨〉의 주요작품

「꽃은 향기로워도」
色は臭へど(1983, Ⅱ1984, Ⅲ1999, Ⅳ2005)

대사 없이 장애인의 신체만으로 장애인의 리얼리티를 그대로 드러내 보는 이를 혼란에 빠지게 할 의도로 만든 창단 공연작.
비일상적으로 다뤄지는 기존의 장애인 이미지를 벗어나 '장애' 자체를 수단으로 우생사상과 일반인들의 가치관을 저격.

「은하반란」 시리즈
銀河叛乱'89, '91 (1989, 1991)

인간의 신체는 하나의 우주다. 피부와 몸 안에 있는 모든 것들이 한 순간도 멈춤 없이 흐르는 우주와 같다. '저 너머 세상'과 '이 세상'의 차이는 어디에 존재하는가를 테마로 죽음과 삶의 경계지점을 담아냈다. 무대 뒷면에 있는 출입구를 개방해 공연장 바깥 거리가 객석에서 보이고 자전거를 탄 행인이 지나는 모습이나 맞은편 건물 지붕이 보이는 무대를 만들었다. 관객은 객석에서 '저 너머 세상'과 '이 세상'을 착시하게 되고, 그 사이로 무대 위 배우들은 저 세상과 이 세상의 경계를 자유로이 오간다.

「BLOOM」
BLOOM(1996)

'죽기 위해 꽃을 피우는가, 꽃을 피우기 위한 죽음인가.'
식물이 꽃을 피우는 행위와 인간의 심리는 닮아있다. 먹느냐 먹히느냐의 장열한 드라마. 피어난 꽃은 아름답게 보여도 갈등과 진흙탕 싸움을 거친 정념의 결과다. 꽃이라는 결과보다 피우기까지의 프로세스가 더 값진 가치를 인정받아야 한다는 강한 메시지를 담았다.

「DEPARTED SOUL」
死霊(1997)

스코틀랜드 에든버러와 스위스 공연에서 극찬. 멈추지 않은 커튼콜의 신화. 삶이 없다면 죽음도 존재하지 않는다. 죽음은 '보이지 않는 것' '아무 것도 남지 않는 것'과의 경계를 허문다. 삶과 죽음 사이에는 영혼이 숨 쉰다. 죽은 자가 무엇을 생각하고 살았는가, 무엇을 이루려 했는가, 산 자는 영혼의 귓가에서 죽은 자의 상념을 듣는다.

「우리 어머니」

ウリ・オモニ(1998)

해외공연에서 얻은 경험과 힘은 어머니의 예술 혼과 정신을 계승하는 일에 대해 스스로 답하지 않을 수 없게 만들었다. 같은 해 86세로 세상을 떠난 어머니 김홍주. 어머니에 대한 그리움과 반목을 상징적인 춤으로 담았다. 솔로작품.

「마하라바 전설」

マハラバ伝説(2001)

장애인운동의 좌절을 소재로 한 자전적 작품. 1970년대 일본사회에 큰 충격을 준 격렬한 장애인 해방운동의 거점이 된 장애인 코뮨 마하라바 마을. 그 생성과 붕괴를 모티브로 실현하지 못한 해방운동에 대한 응어리, 세상의 편견에서 뿜어 나오는 인간본질을 꿰뚫어 보게 하는 상징적 신체표현.

「귀향—여기가 이향이었다」

帰郷—ここが異郷だったのだ(2004)

첫 한국 공연작. 〈다시 혼자가 되고 말았다. 계속 싸워야 할까, 아니면 포기하고 세상의 흐름대로 또 잊혀질 것인가, 망각과 공허한 소동의 나날들〉

새로운 나의 이향에서 내가 없는, 내가 알지 못한 귀향을 본다. 일본은 새로운 행성 같은 이향성의 나라, 그리고 한국은 내가 알지 못하는 고향으로의 귀향. 아이러니하게도 이 타이틀은 당시 한국인들의 신경을 거역한 것이었는지 포스터가 찢기는 일도 있었다. 인간에게 목숨을 내건 투쟁이란 자신의 존엄을 지키려 할 때 분명한 빛을 발하고, 승부와는 무연의 세계에서 계속 숨 쉴 수 있는 것임을 잊지 말아야 한다.

「황웅도 잠복記」
男は旅に出た―黃熊度潛伏記 (2009, 2011)

어머니 김홍주의 발자취를 찾는 여행에서 얻은 영감으로 식민지 시대, 경남 고성에서 독립운동을 했던 실존인물 황웅도의 일대기를 그린 작품. 2009년 오사카에서 초연, 2011년 3월, 9월에 고성과 서울에서 재공연.

「일생일대의 후쿠모리 케이노스케, 또 어딘가에서」
一世一代福森慶之介 又, 何処かで(2012), DVD

창단공연부터 함께 한 배우 후쿠모리 케이노스케의 마지막 출연작. 오른쪽 다리에 종양이 발견된 후 무대에서 그의 연기를 관객들에게 한 번 더 보여주기 위한 김만리 씨의 헌정 작품. 극단 타이헨에 표현의 폭을 넓혀준 작품으로 후쿠모리 씨는 상연이 끝난 후 35일 만에 세상을 떠났다.

「Sandbox Bento」
箱庭弁当(2019), DVD

2016년 7월, 가나가와 현에 있는 장애인시설 〈야마유리엔〉에서 전직 남성 직원에게 19명의 장애인이 집단 살해를 당한 사건을 계기로 만든 작품. 일본의 벤토(도시락)문화에 빗대어 19가지의 반찬이 먹는 이의 기호에 따라 선택을 받거나 버려지는 행태를 장애인이 처한 사회상황으로 묘사. 결국 쓰레기통에 버려진 반찬들은 그곳에서 기어 나와 그들만의 만찬을 즐긴다는 내용. 뿌리 깊은 우생사상과 인간의 가치관에 대해 자문하고 새로운 시대를 향한 희망을 담았다. 이 작품은 2020년 2월, 국제적인 무대 예술 교류 이벤트인 「국제 무대 예술 미팅 in 요코하마(TPAM)」에 초대되어 재연했다.

극단 〈타이헨〉 공연 리스트(1983~2019)

1983   꽃은 향기로워도(色は臭へど)

1984   꽃은 향기로워도Ⅱ(色は臭へどⅡ)

1985   게릴라 쿠요쿠요가 있다네 (ゲリラ・クヨクヨがおんねん)

1986   나가고 싶어, 이런 젠장 (でたいねん、コンチキショウ)

1987   물은 하늘에서 떨어지는 것을 (水は天からちりぬるを)

       카이고・카이고・카이고 (カイゴ・香異湖・KAlgo!)

1989   은하반란 '89-달에게 입 맞추고 싶었을 뿐입니다-
       (銀河叛乱'89—月に接吻したかっただけなのです)

1991   Heal — 위로의 숲(Heal ～癒しの森) / 은하반란 '91(銀河叛乱'91)

1992   정천의 벽력(静天のへきれき) /
       꿈꾸는 기상천외(Welwitschia)(夢見る奇想天外(Welwitschia)
       천국의 숲(天国の森) /
       天3부작~사람은 누구나 마음에 숲이 있다
       (天3部作～人は誰も心に森をもっている)

1993   VISION QUEST(통과의례) (ビジョン・クエスト(通過儀礼))

1994   산이 움직이다 (山が動く, 오노 카즈오 콜라보) /
       영무—지중화 (霊舞—地中花)

1995   껴안고 싶어!! (ダ・キ・シ・メ・タ・イ!!) /
       영무—유리 숲에서 (霊舞—ガラスの森で)
       영무—emergence1 (霊舞—emergence1)

1996   우주와 놀다 (宇宙と遊ぶ, 오노 카즈오 콜라보) /
       영무-화·수·토 (霊舞-火·水·土) / BLOOM

1997   DEPARTED SOUL (死霊)

1998   우리 어머니 (ウリ・オモニ) / 영무・MOVE (霊舞·MOVE)

1999   꽃은 향기로워도Ⅲ(色は臭へどⅢ)

2000   항아리 속 1만년 축제 (壺中1萬年祭)

2001   마하라바 전설 (マハラバ伝説)

2002	한여름 밤의 꿈 (夏至夜夢―まなつのよのゆめ)

2002 한여름 밤의 꿈 (夏至夜夢―まなつのよのゆめ)

2003 벽천방황 (碧天彷徨)

2004 귀향―여기가 이향이었다 (帰郷―ここが異郷だったのだ)

2005 꽃은 향기로워도 4 (色は臭へど4) / 월하포효 (月下咆哮)

2007 생명의 우주 (いのちの宇宙) / 기억의 숲 (記憶の森)

2008 여행을 떠나는 남자―체게바라 모습을 드러내다
(男は旅に出た―チェ・ゲバラすがた現わすもの)

2009 황웅도 잠복기 (男は旅に出た 2 ―黄熊度潜伏記)

2010 하늘로 기어들어 땅으로 솟아나다 (天にもぐり地にのぼる) DVD /
자유로부터 도주 (自由からの逃走)

2011 먹다 (喰う)

2012 일생일대의 후쿠모리 케이노스케, 또 어딘가에서
(一世一代福森慶之助 又, 何処かで) DVD /
호시탐탐 (虎視耽耽) DVD

2013 소금쟁이 (ミズスマシ) DVD/ 보이체크 (ヴォイツェク) /
축복의 우주 (寿ぎの宇宙) DVD

2014 Over the Rainbow (虹の彼方に) DVD

2014 룬타 (ルンタ(風の馬~いい風よ吹け~) DVD

2015 시험관 (試験管) / 누에 (ぬえ)

2017 니라이 카나이―생명의 분수령 (ニライカナイ_命の分水嶺) DVD/
환시의 고향 (幻視の郷)

2019 Sandbox Bento (箱庭弁当)

* 극단 〈타이헨〉 Home Page
http://www.asahi-net.or.jp/~TJ2M-SNJY/kor/ktop.htm (한국어)
http://taihen.o.oo7.jp/jtop.htm (일본어)